기독교
사회주의
산책

믿음이란 한 알의 밀알이 땅에 떨어져 죽음으로 많은 열매를 맺음과 같이 진리의 열매를 위하여 스스로 죽는 것을 뜻합니다. 눈으로 볼 수는 없으나 영원히 살아 있는 진리와 목숨을 맞바꾸는 자들을 우리는 믿는 이라고 부릅니다. 「믿음의 글들」은 평생, 혹은 가장 귀한 순간에 진리를 위하여 죽거나 죽기를 결단하는 참 믿는 이들의, 참 믿는 이들을 위한, 참 믿음의 글들입니다.

새로운 역사를 향한 우리의 성서 읽기

기독교
사회주의
산책

이덕주 지음

홍성사

차례

일러두기

* 따로 저작권자를 표기하지 않은 모든 사진은 저자가 제공한 것입니다.

여는 글
——

낯설고
다른 것과
함께

    역사신학자로서 아직 부족한 점이 많지만 열정을 갖고 한국 교회사를
공부해 온 지난 25년 여정을 돌아보니 나름대로 신학적 관심과 주제를
갖고 지내 온 것 같습니다. 한국전쟁 직후 1950년대에 태어나 60-70년대
에 반공 교육을 받았고, 80-90년대에 문서선교 기관과 교회 목회를 경험
한 뒤 2000년대에 신학교 사역에 임하면서 한국 교회사 전공자가 된 내
마음속에 자리 잡은 신학적 고민과 과제는 모두 오늘의 한국 교회 상황
에서 비롯된 것이었습니다. 그것을 같은 시대, 같은 문제를 안고 살아가
는 공동체 구성원이 함께 풀어 나가야 할 문제의식, 곧 '시대정신'(Zeitgeist)
이라 표현해도 좋습니다. 즉 우리가 몸 담아 살고, 봉사해야 할 한국 교
회가 안고 있는 현실의 모순과 문제에 대한 신학적 고민을 바탕에 두고
한국 교회사를 연구하고 또 글을 써온 것입니다. 한국 교회사를 통해 풀

어 보고자 했던 시대적 문제의식 혹은 신학적 과제는 두 가지였습니다.

첫째는 오늘 한국 교회가 당면한 영적 위기와 권위 상실에 대한 문제의식입니다. 내가 한국 교회사에 관한 글을 쓰기 시작한 1985년, 한국 기독교계는 선교 1백주년을 맞아 '금세기 선교 기적'이라 불릴 만한 부흥과 성장의 역사를 기념하기 위해 다양한 행사와 집회를 개최하였지만 엄밀한 의미에서 자축(自祝)의 범위를 넘지 못했습니다. 오히려 그때부터 사회가 교회를 보는 시각은 싸늘해지기 시작했고, 시간이 흐를수록 실망과 우려가 비판과 분노로 바뀌면서 '안티 기독교' 운동이 일어나 이제는 무시할 수 없는 수준이 되었습니다. 물론 이런 사회적 비판이 부정확하고 왜곡된 정보에 바탕을 두었거나 기독교의 급속한 부흥을 시샘하거나 두려워하는 반(反)기독교 세력의 의도적인 공세라는 점에서 억울한 면이 없지 않지만, 비난과 공격의 빌미를 제공한 곳이 교회라는 점에서 변명과 반격보다는 자숙(自肅)과 반성을 요구하고 있습니다.

이런 문제의식을 안고 한국 교회사를 공부하면서 답을 구하던 중, 성서에서 말씀을 얻었습니다. 바로 위기와 박해 시대 밧모섬에 유배당했던 요한을 통해 에베소 교회에 들려주신 주님의 말씀이었습니다. 즉 "주님을 위한 행위와 수고와 인내" 등 수십 가지 자랑거리가 있더라도 치명적인 한 가지 실수, "처음 사랑을 버린" 것 때문에 교회의 생명인 촛대가 옮겨지는 심판을 피할 수 없을 것이라는 경고의 말씀입니다. 그러니 더 늦기 전에 회개하고 처음 행위를 회복하라는 이 경계의 말씀(계 2:2-5)을 그대로 한국 교회에 적용하면 답이 나올 것 같았습니다. 그래서 한국 교회사를 공부한 초반 20년 동안 한국 교회의 '처음 사랑'의 실체를 규명하는 일에 천착하였습니다. 그 결과물로 나온 것이 《한국 그리스도인들의 개종 이야기》(1990), 《한국 교회 처음 여성들》(1990), 《초기 한국 기독교사 연구》(1995), 《한국 토착교회 형성사 연구》(2000), 《한국 교회 처음 이야기》(2006), 《한국 영성 새로 보기》(2010) 등이었습니다. 이런 책들을 쓰면서 한국 초대교회의 처음 사랑을 회복하는 것에서 한국 교회가 처한 오늘의 위기 상황을 극복할 수 있는 가능성을 찾았고, 역사 속에서 발견한 초대 교인들의 '처음 행위'를 온전히 살지는 못하더라도 흉내라도 내서 세속적 타락과 유혹으로부터 나를 지키기 위한 경계비(警戒碑)로 삼기로 했습니다.

한국 교회사를 공부하면서 염두에 두게 된 두 번째 신학적 과제는 민족 분단과 통일 문제입니다. 70년 가까이 해결하지 못한 분단 문제가 해방 후 이어진 한반도 현대사의 비극과 시련, 갈등과 분열, 독재와 오류의 근본 원인으로 작용하였음은 분명합니다. 그리고 이러한 민족 분단과 그로 인해 불행했던 현대사의 역사적 책임에서 한국 교회가 자유로울 수 없음도 분명합니다. 그것은 민족 분단 상황에서 교회가 행한 역할을 살펴보면 알 수 있습니다. 일제강점기와 해방 직후 전개된 좌우 이데올로기 갈등 상황에서 절대 다수 한국 교회 지도자들은 편향적인 '보수 우익' 입장을 취하였고, 한국전쟁 이후 분단이 고착화되면서 한국 교회의 '반공주의' 성격은 더욱 강화되어 남북간 이념과 체제의 갈등 상황에서 분단을 고착화하는 데 일조한 부분도 없지 않습니다. 그리스도 복음이 추구하는 궁극적 가치 가운데 하나가 평화이며 평화를 구현하기 위한 화해와 일치 노력이야말로 그리스도인의 마땅한 의무라(고후 5:18-19)

여길 때 한국 교회가 그동안 분단 상황에서 대화와 협력보다 대결과 응징의 논리를 펼쳐 온 것에 대한 비판적 반성을 하지 않을 수 없습니다.

바로 이런 비판적 자기반성에 근거하여 한민족의 당면 과제인 민족 통일과 한반도 평화 정착을 위해 한국 교회가 할 수 있고 해야 할 일이 무엇인지 고민하는 중에 기독교 사회주의에 눈을 뜨게 되었습니다. 그동안 한국 교회사에서 기독교 사회주의는 1920-30년대에 나타난 사회주의의 도전에 대한 기독교계의 대응 가운데 하나로 서술되어 왔습니다. 즉 3·1운동 직후부터 마르크스-레닌주의에 바탕을 둔 과학적 사회주의(공산주의)가 한국의 청년·학생·지식인층에 파급되면서 "종교는 민중의 아편"이라는 기치 아래 반기독교 운동이 전개될 때 기독교계의 대응은 세 가지로 나뉘었는데, 첫째는 극소수지만 민족 문제 해결과 사회운동 역량에서 기독교의 한계를 인식한 진보적 인사들이 사회주의를 새로운 대안으로 여기고 사회주의로 전향(개종)한 경우로서 1910년대 기독교 전도사로 사역하다가 1920년 중국에서 고려공산당을 조직한 여운형과 이동휘 등이 대표적입니다. 둘째는 이와 반대로 사회주의를 교회 파괴를 목적으로 한 적(敵)그리스도 세력으로 인식하고 비판, 공세를 취한 경우로서 절대다수 기독교인들이 이런 입장을 취하였습니다. 셋째로 기독교와 사회주의의 대화와 공존을 모색했던 진보적 기독교인들로서 주로 기독교청년회(YMCA)를 중심으로 활동했던 김창제와 김준성, 이대위, 김창준, 김강, 강명석, 홍병선, 유재기, 최문식 등이 있었습니다. 비록 소수지만 이들은 기독교인으로서 확고한 정체성을 갖고 기독교와 사회주의 대결 구도 속에서 둘 사이의 교류와 협력을 모색했으며 그 이념적, 사상적 공간으로 기독교 사회주의를 제시하였습니다(김흥수 편, 《일제하 한국 기독교와 사회주의》, 한국기독교역사연구소, 1992 참조). 이러한 1920-30년대 기독교 사회주의 운동이 사상적 통제가 불가피했던 식민 통치 상황에서, 그리고 사회주의를 적대시하는 절대다수 기독교계의 보수적 분위기에서 지지를 얻지 못하고 '소수자의 제한적 사상운동'으로 그치고 말았지만 갈등과 대결의 역사 속에서 대화와 조화를 추구하였다는 사실 하나만으로도 역사적 평가와 의미를 부여받을 만하다고 생각합니다.

이처럼 한국 교회사에 단편적인 기억으로 남아 있던 기독교 사회주의에 본격적인 관심을 갖고 공부하게 된 계기는 2003-2005년 평양을 다녀오고 난 뒤였습니다. 세 차례 북한을 방문하여 그곳의 '사회주의' 현실과 실체를 접하고 난 후 얻은 결론은 '통일은 낭만이 아니라 현실'이라는 것과 '통일은 거역할 수 없는 현실로 다가오고 있다'는 것, 그리고 '이제는 통일을 위한 신학이 아니라 통일 이후 신학을 준비할 때다'라는 것이었습니다. 그리고 북한을 방문해서 그곳 학자들과 대화를 나누는 중에 '통일 이후 한반도 신학'의 한 모델로서 기독교 사회주의의 가능성을 발견한 것이 큰 소득이었습니다. 그래서 평양에서 돌아온 후 본격적으로 기독교 사회주의 관련 자료를 구해 읽기 시작했습니다. 그 과정에서 기독교 사회주의 연구의 고전이라 할 수 있는 레이븐(C. E. Raven)의 《*Christian Socialism, 1848-1854*》(1920)과 우드워스(A. V. Woothworth)의 《*Christian Socialism in England: 1903*》(1903)를 비롯하여 돔브로스키(J. Dombrowski)의 《*The Early Days of Christian Socialism in America*》(1936), 코트(J. C. Cort)의 《*Christian Socialism: An Informal History*》

(1988), 노먼(E. R. Norman)의 《*The Victorian Christian Socialists*》(1987), 그리고 기독교 윤리학자 노박(M. Novak)과 프레스턴(R. Preston)의 《*Christian Capitalism or Christian Socialism?*》(1994) 등을 읽고, 국내 자료로 1920-30년대 기독교 사회주의 이론을 소개하고 실천했던 한국의 기독교 사회주의 운동가들의 글을 읽으며 기독교 사회주의에 대한 기초적 이해를 얻을 수 있었습니다.

이런 자료들을 읽으면서 확인할 수 있었던 것은, 기독교 사회주의는 마르크스와 엥겔스가 〈공산당 선언〉을 발표하고 본격적인 공산주의 운동을 전개하던 1848년 같은 시기에 출발한 '별개의' 사회주의 운동이라는 점입니다. 기독교 사회주의는 기독교 정체성을 기본 바탕으로 하면서도 다른 사회주의 운동과 대화와 협력을 모색하였으며, 비록 서구 기독교 역사와 신학 전통에서 주류 신학의 지위는 확보하지 못했지만 개인적 영혼 구원을 강조하는 보수적 신학에 맞서 교회의 사회적 책임을 강조하는 '진보적' 신학으로서 다양한 지역에서 다양한 명칭으로 자신을 표현하며 역사적 맥을 이어왔습니다.

이런 역사적 전통과 가치를 지녔음에도 그동안 한국 교회와 신학교에서 기독교 사회주의에 대한 연구나 학습이 제대로 이루어지지 않은 것은, 분단과 전쟁을 겪은 후 한층 강화된 한국 교회의 반공주의 경향에다 한국 교회 신학에 절대적 영향력을 끼친 서구 신학, 특히 미국식 자본주의 배경의 신학교육 때문이라 할 수 있습니다. 비록 기독교란 수식어를 붙인다 해도 공산주의(사회주의)를 적대시하는 분단 상황에서 기독교 사회주의는 한국 교회 신학교육에서 금기 사항이 될 것은 당연했습니다.

이처럼 한국 교회 역사와 신학교육에서 외면되고 무시되어 온 기독교 사회주의를 이 시점에서 다시 언급하며 관심을 갖게 된 것은 통일 이후 한반도에서 진정한 의미의 평화가 구현되기를 원하기 때문입니다. '통일 이후' 좋든 싫든, 반세기 넘게 자본주의만 학습하고 체험해 온 남쪽과 달리 사회주의 이념과 체제 속에 살아오면서 사회주의 체질로 바뀐 북쪽 인민들과 함께 살면서 정치와 경제 분야뿐 아니라 정신과 문화 분야에서도 '하나 됨'을 이루어야 합니다. 외면적 통합은 그래도 정치적 결단과 조치로 쉽게 이루어질 수 있겠지만 정신적·이념적 통합은 장시간, 조심스럽게 추진해야 합니다. 그것은 독일이 통일 이후 20년이 지났음에도 여전히 동·서 간의 내부적·문화적 갈등을 극복하지 못하고 내홍을 겪고 있는 것을 보아 알 수 있습니다. 따라서 통일 이후 사회주의 체질에 익숙한 북쪽 사람들과 대화하며 호흡을 맞추어 가야 할 때 댓바람에 자본주의 논리를 들이대는 것보다는 자본주의와 사회주의 양쪽 모두와 '연결되면서도 구분되는' 제3의 이념으로서 기독교 사회주의 논리를 갖고 중재하며 설득하는 것이 훨씬 효과적일 것입니다.

낯설고 다르기 때문에 소중한 가치

이러한 신학적 고민을 안고 기독교 사회주의 관점에서 성서를 읽기로 했습니다. 기독교 사회주의의 성서적 근거와 신학적 타당성을 모색해 보려는 시도였습니다. 성서를 매개로 하여 기독교 신앙과 사회주의 논리 사이의 대화를 시도한 이 글을 읽은 독자들 중에는 이러한 해석과 주장에 동감하지 못하고 불편을 느낄 분들도 많을 것입니다. 그렇다고 그분들을 비난하거나 그분들과 논쟁할 생각은 없습니다. 다만 내 진술에 동의하든 거부하든 성서를 읽는 데 다양한 관점과 시도가 있을 수 있음과 그러한 다양한 관점과 해석이 '모든 것'을 담고 있는 성서의 넓고도 깊은 가치를 파악하는 데 도움이 된다는 점을 인정해 주기를 바랄 뿐입니다.

그런 면에서 나는 창조주 하나님께서 세상 만물을 창조하시되 "온갖 것을 각기 종류대로"(창 1:11-12) 창조하셨음을 믿습니다. 그리고 다양하게 창조하시되 '하나의 목표'(하나님)를 지향하도록 만드셨음을 믿습니다. 사람도 그렇고 사람들의 생각을 담는 사상도 그렇습니다(행 17:26-27). 다양한 사람들의 다양한 생각 속에 존재하시는 '한 분이신 하나님'을 믿습니다. 성서는 바로 그런 하나님에 대한 다양한 고백과 경험을 담고 있습니다. 그렇기 때문에 성서만큼 다양한 읽기와 해석을 가능케 하는 책은 없습니다. 참으로 성서는 '모든' 세대의 '모든' 사람에게 열려 있는 책입니다. 그 모든 사람들에 사회주의자들도 포함될 것은 당연합니다. 그동안 사회주의자들에게 닫혀 있던 성서를 열어 주려는 것이 이 글을 쓰게 된 동기의 하나입니다. 그래서 성서를 읽되 의도적으로 사회주의 관점에서 읽어 보려 한 것입니다.

그동안 우리는 성서를 읽으면서 우리에게 익숙한 자본주의 논리로만 해석했던 것 같습니다. 그래서 3세기 교부 테르툴리아누스가 붕괴 직전의 로마를 방문해서 그곳의 타락한 군상들을 보고 실망해서 "예루살렘과 로마가 무슨 상관이 있느냐?" 했던 것처럼 독실한 기독교인들 대다수가 "기독교와 사회주의가 무슨 상관이 있느냐?" 하는 입장에서 사회주의를 대했던 것도 사실입니다. 특히 한국전쟁을 경험한 한반도에서 기독교와 사회주의의 대화나 교류는 금기사항이 되었고 남북이 적대 관계가 되면서 불신만 쌓이고 증오의 뿌리마저 깊어만 갔습니다. 그러나 아무래도 미움과 증오는 '기독교적'이지 않습니다. "원수를 사랑하라"(마 5:44)라는 주님의 명령을 존중해야 하는 그리스도인의 입장에서 보면 더욱 그렇습니다.

낯설더라도 만나야 합니다. 그리고 대화하며 함께할 공유가치를 찾아야 합니다. 거기서 협력과 공존, 화해와 일치의 가능성을 찾을 수 있기 때문입니다. "사람을 창조하시되 남자와 여자를 창조하신"(창 1:27) 하나님의 창조 비밀을 아는 사람이라면 서로 생각과 습관이 다른 사람들이 만나 대화하고, 이해하고, 협력함으로 온전한 '하나님의 형상'을 이루어 갈 수 있음을 인정해야 합니다. 그것이 '모든'(서로 다른) 사람들 속에 '같은'(하나의) 형상을 집어넣어 창조하신 하나님의 "선하시고 기뻐하시고 온전하신 뜻"(롬 12:2)일 것입니다. 마치 조각 그림 맞추기 게임처럼 조각(부분)으로 만들어진 우리는 다른 조각들과 수시로 만나 대화하고 맞추어 감으로 큰(완전한) 그림을 완성할 수 있는 것과 같습니다. 그런 신앙의 눈으로 볼 때 서로 다르고 이질적인 것은 결코 나쁜 것이 아니라 온전한 나를 이루기 위해 예비된 선한 짝인 것을 알게 됩니다(결혼생활을 해 본 사람은 다 아는 사실입니다).

그러니 낯설고 다른 것을 두려워하거나 배척할 필요는 없습니다. 낯선 곳으로의 여행이 새로운 영감을 불러일으키듯 이질적인 것과의 만남을 통해 새로운 자아가 형성되기 때문입니다. 서로 이질적이고 낯선 사상과 신앙, 문화와 전통이 만나 충돌과 융합의 과정을 거쳐 형성된 에너지로 역사는 진화, 발전하였습니다. 양극(+)과 음극(-)이 만나 전기 에너지를 창출하듯 서로 반대쪽을 지향하던 사상과 문화가 만나 새로운 제3의 운동과 역사를 만들어 냈습니다. 성서가 그것을 증언하고 기독교 역사가 그것을 증명합니다.

이처럼 새로운 역사를 창출할 영적 에너지가 오늘 필요합니다. 특히 지구상 마지막 남은 분단국가인 한반도에서 갈등과 분열, 불신과 증오의 불행했던 역사를 청산하고 화해와 일치, 평화와 공존의 새로운 역사가 이루어지기 위해서는 더욱 그러합니다. 그런 관점에서 지금까지 적대시했던 사회주의를 다른 관점에서 볼 필요가 있습니다. 그래서 사회주의 관점에서 성서를 읽어 본 것입니다. 기독교 관점에서 성서를 매개로 사회주의와 대화를 시도해 본 것이라 해도 좋습니다. 기독교와 사회주의 사이에 단절되었던 대화를 터보려는 작은 시도쯤으로 생각해도 좋습니다. 이런 시도를 통해 굳게 닫혔던 기독교와 사회주의, 사회주의와 자본주의, 그리고 남과 북 사이에 대화의 문이 조금이나마 열렸으면 좋겠습니다.

책으로 나오기까지

이 책은 이와 같은 분단 극복과 통일 이후에 대한 신학적 고민과 문제의식에서 출발한 기독교 사회주의 연구의 첫 결과물입니다. 아직은 기독교 사회주의 연구의 초보 단계라 그 역사와 신학을 충분히 이해했다고 할 수 없습니다. 따라서 이 책에서 진술하는 기독교 사회주의 이론과 논리도 초보적이며 계몽적인 수준의 것임을 부인할 수 없습니다. 이러한 기초적인 내용을 담아 "기독교 사회주의 산책"이란 제목으로 2007년 월간지 〈풍경소리〉에 1년 동안 연재하였고, 그것을 다듬어 감리교신학대학교 부설 한반도평화통일신학연구소 무크지 〈통일 이후 신학 연구〉 제1집(2008)에 수록하였습니다. 이는 기독교 사회주의에 관한 제 의도와 생각을 처음으로 세상에 알리는 계기가 되었습니다. 저로서는 저 자신에게도 생소했고 충분히 이해했다고 장담할 수도 없는 기독교 사회주의에 관한 글을 쓴다는 것이 일종의 모험이고 실험이었습니다. 다만 배우는 입장에서 함께 공부하자는 취지로 쓰기 시작한 글인데 의외로 관심을 표하는 적지 않은 독자들을 만날 수 있어, 자본주의에 편향된 오늘 한국 교회가 안고 있는 문제점과 통일 이후 한반도 평화 신학에 대한 신학적 고민과 관심이 나만의 것이 아님을 확인할 수 있었습니다. 물론 주변에서 "당신이 말하는 기독교 사회주의 개념과 논리에 동의할 수 없다", "보수 우익이 장악하고 있는 한국 교회 현실에서 당신 주장이 통하겠는가?", "기독교 사회주의 말고 다른 어휘를 쓰면 더 많은 지지를 얻을 수 있을 텐데……" 하는 우려와 걱정을 표하는 이들도 많았습니다. 긍정적이든 부정적이든 이런 독자들의 관심과 반응에서 저는 기독교 사회주의 연구의 과제와 당위성을 재확인할 수 있었습니다.

이제 어렴풋하나마 기독교 사회주의가 무엇인지 알게 된 만큼, 내 전공 분야로 돌아와 한국 교회사 속에서 기독교 사회주의 운동의 흐름을 찾아내 그 실체를 규명하는 작업을 해볼까 합니다. 특히 일제강점기, 그리고 해방 직후 좌·우익 갈등이 첨예했던 시대적 상황에서도 어느 한편을 일방적으로 지지·편승하기보다는 상생 관점에서 민족의 통합을 위해 외롭지만 좌절하지 않으며 중도 통합 노선을 취하고 그것을 삶에서 실천했던 소수 기독교 사회주의자들의 묻혀진 행적을 추적해 되살리는 작업에 착수할 예정입니다. 양쪽 어디에도 속하지 못했기 때문에 양쪽 모두로부터 외면·무시당해 온 이들 '중도' 사상가와 운동가들의 삶과 신앙은 분단의 마지막 시대를 사는 우리에게 교훈과 격려가 될 것입니다. 이번에 내는 책은 이런 역사적 탐구 작업을 위한 준비 과정이라 할 수 있습니다.

이처럼 실험적이고 완성도가 떨어지는 글임에도 홍성사 편집부의 이현주 선생은 "연재가 끝나면 이 원고 저희가 책으로 낼게요" 하며 선도급(先渡給) 형태로 원고를 '찜'해 버렸습니다. 처음엔 망설였지만 이미 홍성사를 통해 《한국 교회 처음 이야기》와 《한국 교회 처음 여성들》을 출간하여 교회사 연구의 첫 번째 과제인 한국 교회의 처음 사랑 규명과 회복에 대한 나의 관심과 생각을 표명했기에 교회사 연구의 두 번째 과제인 분단 극복과 평화통일, 그리고 통일 이후 한반도 신학에 대한 나의 관심과 생각을 담은 이번 책도 홍성사를 통해 내는 것이 의미 있다고 생각하였습니다. 앞선 두 권의 책이 과거를 '돌아보며' 오늘 한국 교회가 처한 위기 상황을 극복할 수 있는 방안을 모색한 것이라면, 이번에 내는 책은 통일 이후 미래를 '내다보며' 오늘 한국 교회가 어떤 자세로, 무엇을 준비해야 할 것인지 고민하고 생각한 것을 담은 것이라 하겠습니다. 결과적으로 나의 교회사 연구 관심과 주제의 처음과 나중을 담은 책을 같은 출판사에서 내게 되었습니다.

일단 책으로 꾸며져 나왔으니 '들을 수 있는 귀'와 '읽을 수 있는 눈'을 가진 분들께 전해져 분단 이후 70년 가까이 한반도 상공에 짙게 드리워져 있는 갈등과 분열, 불신과 증오의 먹구름을 걷어 내고 한반도에 화해와 일치, 평화와 통일의 햇살이 비치기를 기도합니다. 또 그날이 오기까지 세상에서 하나님의 나라를 건설하기 위해 나눔과 섬김의 그리스도 사랑을 실천하는 '선한 이웃'으로 사는 데 작은 도움이 되면 더 바랄 것이 없겠습니다.

2011년 광복절을 앞두고
감신대 만보재(卍甫齋)에서
이덕주

▷ 김일성이 자신의 회고록에서 '생명의 은인', '진정한 애국지사'라 칭했던 손정도 목사 (1882-1931). 상하이 임시정부 의정원 원장을 역임했던 손정도 목사는 1924년부터 중국 지린에서 목회하면서 액목현에 '농민호조사'를 설립, 기독교 이상촌운동을 전개하였는데, 발기인을 모집하면서 "기독(그리스도)의 사회주의가 앞으로 실현되어야 합디다"라고 호소하였다. 사진은 손정도 목사와 그의 목회 수첩.

1

이제
기독교 사회주의를
말하렵니다

내게 남겨진 시간이 얼마일지 알 수 없지만, 또 아무리 계획을 세운다 해도 그것이 이루어질지 아닐지는 전적으로 그분의 뜻에 달려 있음을 알고 있지만, 허락된다면 강의하고 부탁받은 글을 쓰는 이외의 남은 시간은 기독교 사회주의(Christian Socialism) 연구에 매진하려고 합니다. 이런 생각을 하게 된 데는 이유가 있습니다.

한국 교회사를 공부하다가 신학교에서 강의를 하기 시작했던 15년 전쯤, 어느 날 불현듯 이런 생각이 들었습니다.

"평양이든, 서울이든, 제3국이든, 북한 학자들과 만나 순수 학문적인 주제로 토론을 하고 싶다."

그 무렵 정주영 회장이 소떼를 몰고 판문점을 거쳐 평양을 다녀온 뒤 민간 차원의 남북 교류가 열려 많은 사람들이 북을 방문하고 있었는데 그중에는 남쪽의 기독교 연합단체 임원들과 큰 교회 목사님들도 다수 포함되어 있었습니다. 그런데 북에 다녀오려면, 아니 해외에서 북쪽 사람들을 만나려 해도 적지 않은 돈이 들어야 한다는 소문이 돌았습니다. 그래서 정치적이거나 경제적인 조건을 달지 않는 '순수' 학문적인 만남을 꿈꾸었던 것입니다.

내가 이런 꿈을 꾸게 된 것은 이 시대 목사로서, 신학자로서 살아가면서 우리 민족이 해결해야 할 가장 중요한 문제인 분단 극복과 통일을 위해 뭔가를 해야 한다는 막연한 생각 때문이었는지도 모릅니다. 특히 내가 공부하고 있는 역사신학은 현재 당면한 문제를 해결하려는 실존적 고민에서 출발해야 한다고 평소 주장해 오던 터에 우리 민족 현대사의 비극과 불행의 근본 원인이었던 분단 문제를 해결하기 위한 남북 간의 학술 교류에 참여하고픈 생각 때문이었지요. 물론 이런 생각을 처음 가졌을 당시 내 처지나 위치로는 실현 가능성이 전혀 없는, 가당치도 않은 꿈이었어요.

평양을 다녀온 후 바뀐 기도

그런데 이런 꿈을 갖게 된 얼마 후, 내게 방북 길이 열렸습니다. 2000년 서울에서 열린 한중 국제 역사 학술대회에서 우리 학교(감리교신학대학교) 졸업생인 손정도 목사님에 대한 논문을 발표한 적이 있는데 알고 보니 그분은 북쪽에서 아주 위대한 인물로 추앙받고 있는 분이었습니다.

일제강점기 독립운동가 손정도 목사님은 1926년 무렵 만주에서 김일성을 친아들처럼 돌봐준 일로 해서 북에서는 '어버이 김일성 수령의 생명의 은인'이란 칭호를 받고 있습니다. 특히 김일성은 별세 직전 출판한 회고록《세기와 더불어》제2권에서 손정도 목사님에 대해 한 장을 할애하며 "비록 나와 사상은 달랐지만 참으로 민족을 위해 자신을 헌신한 애국자"라 평가했기에 북에서는 손정도 목사님 하면 모르는 사람이 없을 정도로 유명한 인물이 되었습니다. 분단 60여 년 동안 서로 다른 이념과 체제 하에 살다 보니 남과 북이 함께 우러러 볼 위인이 없는 상황에 상하이 임시정부 의정원 원장을 역임한 손정도 목사님은 북과 남이 함께 긍정적으로 평가하는 인물이었습니다.

이런 연유로 2003년 10월 평양에서 '손정도 목사 기념 남북 학술토론회'가 개최되었던 것이고 그때 나도 참여하여 "손정도 목사의 생애와 종교 사상"이란 제목의 논문을 발표하였습니다. 이 학술대회를 준비하기 위해 그해 4월 선발대로 평양에 도착했을 때, 누구나 처음 평양에 들어가면 느꼈을 그런 감동과 감격을 느꼈습니다. 공항에 도착하는 순간 이런 기도를 드렸습니다.

"주님, 너무 오래 걸렸습니다. 서울서 곧바로 오면 한 시간도 안 되는 길인데 중국을 통해 오려니 복잡하고 힘들었습니다. 쉽고 빠르게 올 수 있도록 통일의 날을 속히 허락하소서."

7천만 민족의 노래 "통일이여 어서 오라"가 곧 내 기도였습니다. 그런데 평양을 다녀온 후 그 기도를 바꾸게 되었습니다. 평양 학술대회를 계기로 모두 세 차례 평양을 방문하였는데 마지막으로 평양을 다녀오면서 내 기도는 이렇게 바뀌었습니다.

"주님, 가급적이면 늦춰 주십시오. 지금 통일 되면 죽도 밥도 안 됩니다. 혼란만 일어납니다. 또 외세가 개입할지 모릅니다. 너무 준비가 되어있지 않습니다. 지금은 아닙니다."

이렇게 기도를 바꾸게 된 이유는 직접 평양에 가서 보고 느낀 현실 때문이기도 하지만, 통일이 그렇게 낭만적이고 관념적으로 접근할 것이 아니라는 사실을 깨달았기 때문입니다. 무엇보다 통일은 말로 하는 것이 아니라 몸으로 해야 하는 것인데, 나 자신부터 머리로 생각하는 통일이었지 생활에서 통일을 전혀 준비하지 못하고 있음을 깨달았습니다. 지금 합쳐 놓으면 혼돈과 무질서가 난무하고 갈등과 분쟁이 더욱 심해질 뿐입니다. 40년 넘게 통일을 준비한 경제대국 독일도 정작 통일 이후 20년 가까이 그 후유증에서 벗어나지 못하고 있는 실정인데, 여전히 강대국의 정치적 간섭에서 자유롭지 못하고 경제적으로도 불안하기만 한 우리나라가 어떻게 그 엄청난 통일 비용을 감당할 것이며, 통일 이후 야기될 이념적·문화적 갈등을 극복하고 진정한 의미의 하나 된 조국을 만들어 나갈 것인가 하는 점에서는 정말 자신이 없었습니다. 남북 간의 이념 갈등 극복은커녕 남남 간의 이념 갈등도 해소하지 못하고 있는 우리 실정이 아닙니까?

한 마디로 우리는 준비가 되어 있지 않았습니다. 특히 통일의 마지막 단계는 이질적인 이념과 철학의 화해가 이루어지는 종교적인 차원에서 이루어져야 하는데 그런 면에서 화해와 일치를 통한 평화 구현을 하나님 나라 건설의 최대 과제로 삼고 있는 기독교인들의 역할이 중대하다 하겠습니다. 그런데 우리는 같은 신앙을 고백하면서도 진보·보수간 갈등을 극복하지 못하고 서로 배척하며 정죄하고 있는 실정입니다. 우리부터 하나 되는 노력이 있어야 할 것이며 그리고 나서 이념과 체제가 다른 세상에서 반세기 넘게 살아온 북의 동포들을 이해하고 포용할 수 있는 '정신적' 차원의 통일을 준비해야 하겠습니다. 특히 우리는 북을 몰라도 너무 모르고 있습니다. 그렇게 된 데는 해방 후 '철의 장막' 안에서 이루어진 북쪽의 폐쇄적 통치에도 원인이 있지만, 남쪽을 지배한 역대 독재정권이 북에 대한 정보와 자료를 독점한 채 민간차원의 교류나 대화를 차단한 봉쇄적 통치에 더 큰 원인이 있습니다. 상대방을 알아야 대화든 교류든 통일이든 할 것 아닙니까? 만나기 전에 먼저 알아야 합니다. 그래서 "가급적 통일을 늦추어 주십시오"라고 기도한 것입니다.

왜 '기독교 사회주의'인가?

그런 기도를 드리고 서울로 돌아온 후 곧바로 몸담고 있는 신학교 대학원 세미나 과정에 수업 두 개를 개설했습니다. '북한 교회사'와 '한국 기독교 사회주의' 과목입니다. 전자는 단절된 북녘 땅의 교회사를 복원하고 연결하자는 것이요, 후자는 통일 이후 시대를 위한 신학 정립을 위한 것입니다. 그리고 2008년 학교 부설로 '한반도평화통일신학연구소'를 설립하고 작은 몸짓이지만 통일 이후 신학 정립을 위해 관심 있는 동료 교수들과 힘을 모으고 있습니다. 내가 한국 기독교 사회주의에 관심을 갖게 된 것은 평양을 방문하면서 받은 충격과 고민 때문입니다. 우리 통일의 대상이 북쪽인 것은 거역할 수 없는 현실입니다. 그리고 북쪽 사람들이 우리와 전혀 다른 사회주의 체제와 이념 아래 반세기 넘게 살아왔으며 그 결과 우리와는 다른 체질과 문화를 지니고 있다는 것 또한 거역할 수 없는 현실입니다. 흔히 북한을 '구호의 나라'라 합니다만, 평양에 갔을 때 가장 눈에 띄는 구호는 다음과 같은 것들이었습니다.

"당이 결정하면 우리는 한다."

"하나는 전체를 위해, 전체는 하나를 위해."

개인의 무제한적 자유를 최고 가치로 여기는 남쪽과는 아주 다른 느낌이었습니다. 그러나 이것이 현실입니다. 좋든 싫든 우리는 반세기 넘게 사회주의 체제와 이념을 최고의 가치로 여기고 살아온 사람들과 만나 대화하고 궁극적으로는 함께 살아야 합니다. 요즘 들어 급증하는 새터민(탈북자)처럼 사회주의 체제에 환멸을 느끼고 사회주의 가치를 포기한 사람들이 늘어나고 있지 않느냐고 반론을 펼 사람도 있겠습니다만, 내가 만나본 새터민들은 겉으론 사회주의를 버렸을지 몰라도 체질과 습관에서 그들은 여전히 집단을 떠나서 살 수 없는 '사회주의자'들이었습니다. 북쪽 사람들(그들이 북에 살든 남에 살든, 그들이 현재 북한 체제를 지지하든 반대하든)에게 사회주의는 문화적, 정신적 유전인자(DNA)로서 정신과 체질 속에 녹아들어 있다는 말입니다. 통일을 준비하고 말하려면 이 점을 인정하고 들어가야 합니다.

그런 맥락에서 볼 때 남쪽 사람들은 (사회주의와) 전혀 다른 자본주의만 체험하고 살아 왔습니다. 특히 기독교인들은 더욱 그러합니다. 이미

19세기 말부터 미국 등 서구 자본주의 국가에서 파견한 선교사들을 통해 기독교는 자본주의와 결탁한 형태로 소개, 이식되었습니다. 한국 기독교 역사에서 모든 면이 그런 것은 아니지만, 막스 베버가 우려했던바, 물질만능주의의 천박한 자본주의와 결탁한 개신교 윤리가 지상 축복(至上祝福)이란 이름으로 둔갑하여 물질적인 부를 곧 하늘의 은총으로 해석하였습니다. 교세가 줄어든다는 요즘 상황에서 유독 교세를 확장해 가는 대형 교회들에서 공통적으로 발견되는 것은 자유 경쟁과 소비자 중심 생산 활동이라는 자본주의 원리에 철저하게 교회 조직과 사업을 추구한다는 것입니다. 해방 후 남쪽 기독교가 이룩한 성장은 이런 경쟁적 자본주의 원리와 체제에서 도움을 받은 결과라 하겠습니다. 그래서 남쪽 기독교를 '자본주의적 기독교'(capitalistic Christianity)라 하는 것입니다.

그러니 한국 기독교가 자본주의와는 다른 체제인 사회주의를 학습하거나 체험할 수 있는 기회는 거의 없었습니다. 반공(反共) 성향이 강했던 일제강점기는 물론이고 해방 후, 한국전쟁을 거치면서 남쪽에서는 공산주의는 물론 사회주의조차도 탐구는커녕 언급조차 할 수 없는 금기(禁忌) 대상이 되었습니다. 한때 "반공을 국시(國是)"로 삼던 시대가 있었을 만큼 해방 후 남쪽은 반공주의로 일관하였고, 사회주의의 '사'자만 얘기해도 빨갱이로 몰려 잡혀가던 때가 바로 얼마 전까지였습니다. 그러다 보니 남쪽 교회에서 사회주의(공산주의)는 말세에 등장한다는 성서의 '붉은 용', '적그리스도'의 다른 표현으로 인식되어 대화는 물론 접촉해서도 안 될 사단 세력에 불과했습니다. 물론 같은 시기 북쪽도 자본주의 체제와 이념을 인민의 적으로 규정하고 같은 맥락에서 기독교를 서구(미국) 자본주의, 제국주의의 앞잡이로 인식하여 철저히 통제하고 탄압했습니다. 그러니 해방 후 남북 간에 형성된 체제와 이념 갈등과 분쟁에 기독교가 일조한 것은 부인할 수 없는 사실입니다.

'통일 이후'를 위한 제3의 이념

바로 이런 배경에서 통일 이후 한반도에서 추구할 수 있는 이념의 하나로서, 그리고 통일을 위한 준비 단계에서 필요한 대화와 이해의 이론적 바탕으로 기독교 사회주의를 말하려 합니다. 그 이유를 다시 한 번 정리하면 다음과 같습니다.

첫째, 통일 이후 한반도에서 전개될 기독교 선교를 위한 신학적 기반으로 기독교 사회주의를 말하려 합니다. 남쪽의 자본주의와 북쪽의 사회주의의 만남과 화해가 통일의 궁극적인 내용이 될 것입니다. 그런데 남과 북의 어느 이념과 체제가 다른 쪽의 그것을 흡수 통합하는 형태가 된다면 물리적인 통일은 이루어질지 모르지만 문화적·정신적 갈등과 혼돈은 통일 이전보다 훨씬 클 수밖에 없을 것입니다. 근현대 한반도의 특수한 지정학적 환경 때문에 사회주의와 자본주의가 서로 배타적이고 폐쇄적인 관계를 맺어 왔습니다만 이제 그 관계를 바꿀 필요가 있습니다. 자본주의도, 사회주의도 절대선(絶對善)이 아닌 것은 분명합니다. 강점도 있고 약점도 있잡니다. 강점은 살리면서 서로가 서로에게 배워 자신의 약점을 보충할 필요가 있습니다. 그런 면에서 자본주의와 사회주의의 대화가 필요합니다.

이 같은 자본주의와 사회주의 대화를 종교적 차원에서 모색하려는 것이 기독교 사회주의입니다. 개인의 자유와 창조적 자율성을 최대한 보장함으로 인권과 생산성을 추구하는 자본주의의 장점, 그리고 인간 사회에 피할 수 없는 소득 격차와 경제적 불균형을 제도적 분배 구조를 통해 평등을 추구하려는 사회주의의 장점을 서로 조화시켜 모든 사람이 함께 행복할 수 있는 제3의 이념과 체제를 모색하려는 것입니다. 그리고 그 가능성과 방법을 성서와 기독교 전통에서 찾아보는 것이 역사적으로 기독교 사회주의를 모색했던 신학자들의 역할이었습니다.

기독교의 역사를 살펴보면 언제나 도저히 공존할 수 없을 것 같았던 서로 다른 이념과 문화가 만나 제3의 것을 만들어 냄으로 계속 진화, 발전해 왔습니다. 초대교회 시절 유대주의와 헬라주의가 만나 교부 신학이 탄생했고, 중세 교황 절대주의와 세속적 인문주의가 만나 스콜라주의 신학이 탄생했으며, 고대 교부 전통과 근대 르네상스 철학이 만나 종교개혁 신학이 탄생했으며, 현대 복음적 근본주의와 합리적 자유주의가 만나 바르트의 신정통주의 신학이 탄생했습니다. 이런 식으로 서로 이질적이고 배타적이던 이념과 체제가 만나 대화하며 공존을 모색하고 협력을 추구할 때 과거의 갈등과 분쟁을 극복하고 하나의 미래를 열어가는 새로운 이념과 체제를 만들어 냅니다. 통일 이후 한반도에서 그런 세상이 열리기를 기대하며 기독교 사회주의를 그런 제3의 이념 가운데 하나로 제시하는 것입니다.

둘째, 통일을 지향하는 교회로서 사회적 책임을 감당하기 위해 기독교 사회주의를 말하려 합니다. 굳이 통일을 전제로 하지 않더라도 남쪽 교회의 오늘 모습으로는 일반 사회의 지지와 협조를 끌어낼 수 없습니다. 2000년대 중반의 종교 인구 통계 조사에서 유독 개신교인의 감소가 확인되었습니다. 인터넷에 유포되고 있는 안티 기독교 여론은 기독교인들의 인내심을 시험하고 있습니다. 요즘 기독교에 대한 반감 여론은 마치 1925년 조선공산당이 결성되었을 때, 그리고 해방 직후 좌우익 갈등 상황에서 좌익 세력이 주도한 '반(反)기독교' 운동 때보다 더하다는 느낌입니다. 그런데 일제강점기나 해방 직후와 달리 그런 기독교 비판이 사회적 일반 여론의 지지를 받고 있다는 점에서 오늘 한국 교회가 처한 위기의 심각성이 있습니다. 물론 편견에 사로잡힌 반이성적 비판이 없지 않습니다만 오늘 한국 교회는 그런 비판에 대해 변명하기 앞서 자성해야 할 것입니다. 그런 비난과 질책의 빌미를 교회가 제공했기 때문입니다.

한국 교회의 부조리와 부정적인 현상의 원인을 물량적 성장주의 신학에서 찾는 학자들이 많습니다만 세속적 자본주의 원리를 교회가 무비판적으로 수용한 것에 보다 근본적인 원인이 있다 하겠습니다. 개인의 자유와 물량적 성장을 최고 가치로 여기는 자본주의 원리를 교회 조직과 운영에 적용한 결과 교회의 양적 부흥과 성장은 이룩하였지만 그에 걸맞은 성숙이 뒤따르지 않아 정신적 연령이 낮은 거인이 된 형편입니다. 그러다 보니 교회는 개인적 종교의 자유만 말하고 사회적 책임은 도외시하는 이기적 집단으로 비치게 되었습니다. 바로 이 대목에서 교회는 지금까지와 '다른' 모습으로 변할 필요가 있습니다. 지금처럼 자기만 아는 이기적 기독교로는 일반 사회의 지지를 끌어낼 수 없기 때문입니다. "헌금

잘 하면 하나님이 축복하신다"고 설교하여 모은 교인 헌금을 예배당 확장과 치장, 혹은 세를 과시하는 행사와 사업에 사용하는 한 교회는 계속 사회로부터 외면당할 것입니다. 영화 〈친절한 금자씨〉에서 출옥한 여자 주인공이 자신을 교회로 인도하기 위해 찾아온 전도사에게 했던 "너나 잘 하세요"란 냉소와 비판을 피할 수 없기 때문입니다.

기독교는 본래 이렇지 않았습니다. 한국에 처음 들어온 복음과 초대교회 신앙인들의 삶도 그렇지 않았습니다. 도중에 변한 것입니다. 아니, 도중에 타락한 것입니다. 그러니 다시 한 번 변해야 하겠습니다. 그러면 본래로 돌아갑니다. 그리하여 순수한 복음에 철저하였던 초대교회 신앙으로 돌아가는 기독교, 그런 신학과 신앙을 '기독교 사회주의'라 하겠습니다. 자본주의적 기독교에 비교하여 '사회주의적 기독교'(socialistic Christianity)라고 불러도 좋습니다. 기독교 사회주의는 자기보다 '남을 배려하는' 기독교, 개인의 자유보다 '사회적 책임'을 다하는 기독교, 모으는 것보다 '나누는 것'에 우선 가치를 두는 기독교를 지향합니다. 이런 기독교라면 남쪽 일반 사회의 지지를 끌어낼 수 있음은 물론이고 반세기 동안 자본주의와 전혀 다른 사회주의 이념과 체제 아래 살면서 사회주의 체질에 익숙해 있는 북쪽의 동포들에게도 낯설지 않은 모습으로 다가갈 수 있을 것입니다.

▷ 2003년 10월 평양에서 '손정도 목사 기념 남북 학술토론회'가 개최되었다. 서로 다른 이념과 체제 하에 살다 보니 남과 북이 우러러 볼 위인이 없는 상황에 상하이 임시정부 의정원장을 역임한 손정도 목사는 북과 남이 함께 긍정적으로 평가하는 인물이다.

2 ──── # 기독교 자본주의?
기독교 사회주의?

　사실 "당신이 말하려는 기독교 사회주의를 설명해 보라" 하면 나로서는 명쾌한 대답을 할 수 없습니다. 본격적으로 공부를 시작한 지 얼마 되지 않았다는 데도 원인이 있지만 내 가슴과 머릿속에 있는 기독교 사회주의에 대한 개념과 관념을 알기 쉽게 풀어내기가 쉽지 않기 때문입니다. 더욱이 사회주의, 공산주의 단어만 들어도 증오심에 가까운 반감을 표하는 분들에게 기독교 사회주의를 설명하고 납득시키기란 극히 힘든 작업입니다.

　내 전공이 한국 교회사인 관계로 원로 분들을 많이 만납니다. 모든 분이 그런 것은 아닙니다만 대부분 연세 드신 분들과 대화를 하다 보면 아직도 치유되지 않고 있는 아픈 기억의 밑바닥엔 전쟁 경험과 공산주의자들에 대한 분노가 깔려 있음을 발견하게 됩니다. 그런 분들에겐 "콩으로 메주를 쑨다 해도 저들 말은 믿을 수 없다"는 뿌리 깊은 불신과 치유 불가능한 증오가 남아 있어 이성적 대화가 불가능합니다.

그러나 이것도 우리가 인정해야 할 현실입니다. 경험에 따라 인식과 행동 원칙이 달라지는 것은 자연스런 현상입니다. 전쟁 후세대인 저로서는 전쟁 세대의 이러한 생각과 행동을 충분히 이해합니다. 그리고 존중합니다. 그러나 동의는 할 수 없습니다. 과거 경험과 그로 인해 형성된 인식 틀에 매여 있는 한 과거와 다른, 화해와 일치의 미래를 열어 갈 수 없기 때문입니다. 역사의식에 두 가지 경향이 있는데 과거 전통과 가치에 초점을 맞추는 과거지향적인 인식과, 민족과 사회공동체의 미래를 조망하는데 초점을 맞추는 미래지향적인 인식이 그것입니다. 과거지향적 역사인식이 지나치게 과거 경험에 집착하면 "나와 다른 것은 악한 것이다"라는 지극히 자기중심적이고 배타적인 독선주의가 나오게 됩니다. 과거의 포로가 되어 미래로 나아가지 못하게 되지요.

바로 이 대목에서 "나와 다른 것은 나쁜 것이 아니라, 오히려 내게 없는 것을 채울 수 있는 선한 것이다"라는 개방적 인식과 포용적 시각이 필요합니다. 과거 역사에서 배울 것은 배우되 그것에 매이지는 말자는 것입니다. 이런 맥락에서 그동안 전혀 다른 관계로 인식되어 온 기독교와 사회주의가 만나 불신과 증오의 감정은 좀 접어 두고 서로가 서로에게 배울 점은 없는지, 그리하여 둘이 하나 되어 우리 민족의 행복한 미래를 열어갈 수 있는 길은 없는지 그 가능성을 모색하려는 것이 기독교 사회주의를 말하는 근본 목적입니다.

승리했으나 불안하기만 한 자본주의

따라서 사회주의에 대한 오해와 편견을 푸는 것으로 '통일 작업'을 시작해야 할 것 같습니다. 스스로를 객관적이라고 말하는 이들조차 기독교 사회주의를 말하는 것에 대해 다음과 같은 부정적 선입견을 갖고 있습니다.

1980년대 동구권, 특히 소련 붕괴로 반세기 넘게 진행되어 온 자본주의와 사회주의 경쟁은 끝난 것이 아닌가? 마지막 남은 사회주의 종주국 중국조차 소유와 분배의 평등을 추구했던 공산주의 혁명을 포기하고 자본주의 시장경제 체제를 적극 수용하며 경제 성장을 꾀하고 있는 마당에, 무덤 속에 장사지낸 사회주의를 다시 끌어내서 무엇을 하자는 말인가? 또한 종교를 인민의 아편이라고 선전하는 공산주의가 추구하는 것은 궁극적으로 종교의 말살이 아닌가? 종교를 인정하지 않는 집단과 종교를 논할 길은 없다.

인간과 물질 중심의 사회주의 원리와 초월적 신이나 정신을 중심 원리로 삼고 있는 기독교는 출발부터 다르기 때문에 공존은 물론, 대화도 불가능하다. 굳이 '개신교 윤리와 자본주의'란 명제로 종교사회학을 풀어나간 막스 베버를 끌어들이지 않더라도 기독교, 특히 개신교의 신학과 원리는 사회주의보다는 자본주의와 코드가 맞지 않는가? 이는 근대 이후 놀라운 경제 성장과 부흥을 이룬 나라는 하나같이 서구 기독교 국가라는 사실에서도 증명되는 바다.

더욱이 강제적인 폭력 수단을 동원해서라도 계급 해방과 평등 분배를 구현해야 한다는 공산주의 혁명론에 평화를 추구하는 기독교가 접근할 여지는 없다. 물과 기름 같은 기독교와 사회주의를 한데 묶어 생각하려는 발상 자체가 시대착오적이지 않은가?

일리 있는 지적입니다. 특히 2차 세계대전 이후 반세기 동안 동·서 냉전시대를 이끌어 온 자본주의와 사회주의 경쟁에서 '완패를 당한' 사회주의를 재론하는 것이 과연 일반의 지지를 얻을 수 있겠느냐는 말에 수긍이 갑니다. 1980년대 동구권에 이어 러시아에서 공산주의 정권이 붕괴된 직후 1989년 1월, 미국의 대표적인 맑스주의자 하일브로너(Robert Heilbroner)가 〈뉴요커〉에 기고한 글에서 "적어도 75년간 끌어온 자본주의와 사회주의 경쟁은 끝났다. 자본주의가 이겼다"고 패배를 시인한 것에서도 사회주의를 지지했던 서구 지성인들의 실망감과 허탈감을 느낄 수 있습니다. 이런 상황에서 다시 사회주의를 논한다는 것이 대단히 쑥스러운 일이긴 하지만 오늘 자본주의 체제가 갖고 있는 심각한 문제점과 그 폐해 때문에 사회주의를 다시 논의할 수밖에 없는 것입니다. 〈국민일보〉(2007.10.4.)에서 읽은 기사입니다.

〈월스트리트저널〉은 4일 보스턴컨설팅그룹 조사 결과를 토대로 지난해 전 세계 부는 100조 달러로 1년 전보다 7.5% 증가, 5년 연속 증가세를 기록했다고 보도했다. 또 100만 달러 이상을 보유한 부자 가구는 14% 늘어난 960만 가구로, 전 세계 가구의 0.7%에 불과하지만 전체 부의 3

분의 1인 33조2000억 달러를 차지하고 있다고 전했다. 금융자산을 500만 달러 이상 보유한 부유층은 전 세계 0.1%에 불과하지만 작년 전 세계 부의 17.5%를 확보하고 있다. 부자들이 부를 더욱 키울 수 있었던 것은 저축 증대와 함께 주식, 채권 등 투자자산의 성장 덕분으로 분석됐다. 보스턴컨설팅은 글로벌 주식 시장은 연간 20% 상승했으며 북미 부자들의 경우 주식 보유 비중이 가장 높다고 설명했다.

요약하면 "전 세계 1퍼센트 미만 부자가 전 세계 부의 3분의 1을 차지하고 있다"는 것입니다. 그리고 최근 급성장한 부자들이 부를 증대시킨 방법이 과거처럼 공장이나 상점을 통해서가 아니라 주식이나 증권 투자 같은 금융 산업을 통해서였다고 합니다. 돈이 돈을 끌어들였다는 말입니다. 자본주의 경쟁체제에서 돈과 능력 있는 부자가 머리를 잘 써서 부를 늘리는 것이 뭐가 잘못되었느냐고 할 사람도 있겠습니다만 그 결과가 너무도 심각한 사회적 문제를 만들어내고 있기에 박수만 치고 있을 수 없는 형편입니다. 실제로 제 주변에서도 평생 교사로, 군인으로, 공무원으로 일하다가 정년퇴직을 한 뒤 퇴직금은 물론 가지고 있던 재산 모두를 주식이나 증권에 투자했다가 몽땅 날리고 이혼당하고 폐인이 된 경우를 종종 보았습니다. 그냥 운이 나빴다고 하기엔 너무도 가슴 아픈 이야기, 약육강식의 자본주의 경쟁체제에서 강자에게 희생된 약자들의 아픔이었습니다.

아직도 유효한 사회주의적 가치

흥미로운 것은 이런 자본주의의 폐해인 빈부격차 문제를 미국식 자본주의를 대변하는 대표적 언론 〈월스트리트저널〉이 지적하고 나섰다는 점입니다. 신문은 계속해서 "세계화의 첨병으로 불리는 국제통화기금(IMF)이 이례적으로 세계화가 빈부격차를 심화시키고 있다는 연구 결과를 도출하였음을" 밝혔습니다. 그만큼 자본주의 지지자들 사이에서도 빈부격차 문제를 심각한 사회적 불안 요인으로 인식하고 있다는 증거라 하겠습니다. 사회주의 체제의 붕괴 원인이 체제 내부에 있었듯 자본주의 체제의 붕괴도 그 내부에서 비롯된다는 사실을 지적하기 시작했다는 신호로 읽어도 될 것입니다. 빈부격차 문제를 해결하지 않고는 자본주의 체제도 언제까지 인간을 행복하게 할 수만은 없다는 사실을 인정하기 시작했습니다.

바로 이 대목에서 18-19세기, 빈부격차 문제를 해결하기 위해 고민하는 과정에서 그 대안으로 제시되었던 사회주의를 재검토해야 할 이유를 발견하게 됩니다. 자가 치료가 불가능할 때 외부 도움을 받아야 하듯 스스로 치료가 불가능한 자본주의의 병폐를 사회주의의 도움을 받아 치유하자는 말입니다. 결국 좋든 싫든 자본주의 체제에서 태어나 자본주의 질서를 숙명처럼 따라서 살아야 하는 우리로서는 자본주의 체제의 치명적인 약점인 빈부격차 문제를 해결할 수 있는 단서를 자본주의 원리 밖, 사회주의에서 찾아보아야 할 것입니다. 역설적이게도 죽어 가는 사회주의를 다시 살려 낸 것은 자본주의입니다.

물론 사회주의에 장점만 있는 것은 아닙니다. 단점도 있습니다. 그건 자본주의도 마찬가지입니다. 이미 그 한계와 문제점이 드러날 대로 드러난 자본주의와 사회주의의 장단점들을 상극이 아닌 상생의 관점에서, 배타가 아닌 포용의 논리로 정리하고 종합할 때 두 이념과 체제가 대화하고 협력할 수 있는 제3의 영역이 마련될 수 있을 것입니다. 이 과정에서 기독교가 뭔가 할 일이 있을 것입니다. 그래도 기독교 안에는 갈등과 분쟁으로 점철된 인류 역사에서 줄기차게 화해와 일치를 추구해 온 평화의 전통이 있기에 잘만 하면 멀리 떨어져 있는 자본주의와 사회주의를 연결하는 다리를 우리 그리스도인들이 만들 수 있을 것입니다. 멀리 떨어져 있는 것을 가깝게 만드는 것이 그리스도 복음의 은총인 것은 우리 모두가 체험하고 고백하는 바입니다(엡 2:17). 그런 기적이 한반도에서 일어나기를 기도합니다.

기독교 자본주의?

얼마 전 흥미로운 책 하나를 구해 읽었습니다. 1994년 영국 런던의 경제문제연구소(IEA) 건강복지위원회에서 발행한 《기독교 자본주의인가 아니면 기독교 사회주의인가?》(Christian Capitalism or Christian Socialism?)라는 소책자입니다. 러시아와 동구권 사회주의 체제 붕괴 이후 전개된 새로운 세계경제 질서 재편 과정에서 기독교의 역할을 모색해 보려는 취지에서 마련한 세미나 원고들입니다. 미국 가톨릭 윤리학자 노박과 영국 성공회 사제 프레스턴의 논문 두 편이 실려 있는데, 두 학자 모두 자본주의 체제 안에 살면서 사회주의 가치와 원리의 중요성을 역설해 온 윤리학자들이었습니다. 책 제목이 관심을 끌었고 내용도 시사하는 바가 많았습니다.

우선 슬로바키아에서 미국으로 이주한 광산 노동자의 후손인 노박은 "공동체와 인간"이란 제목으로 글을 썼는데 서두에 사회주의에 대한 환상이 깨지는 과정을 진솔하게 밝혔습니다.

> 상당히 오랜 기간 나는 적어도 관념적인 측면에서라도 사회주의가 자본주의보다 우수하다고 스스로 위안을 삼고 살았다. 그러나 계속된 시행착오를 지켜보면서 사회주의가 실전에는 적합지 않다는 점을 깨닫게 되었다. 다른 말로 하면, 사회주의가 이론은 뛰어나나 실제에서는 우리가 원하는 결과를 가져다주지 못한다는 것이다. 그러자 의심이 생겼다. 그렇게도 여러 모양으로 실습했음에도 실패만 거듭했다면 뭔가 근본적인 오류가 있는 것이 아니냐고 생각하게 되었다. 그리고 마침내 사회주의는 잘못된 관념을 바탕으로 삼았음을 알게 되었다. 잘못된 인간학에 기초하였을 뿐 아니라 정부 통제를 낭만적으로 바라본 것이 실수였다.

과거 사회주의를 지지했던 학자로서 사회주의 실패에 대한 고백이자 반성이었습니다. 노박은 사회주의 실패의 근본 원인을 인간 이해에서 찾았습니다. 개인의 자유보다 사회적 통제에 우선 가치를 둔 사회주의 이론과 방법론이 개인의 창조적 능력을 약화시킴으로 생산성을 떨어뜨려 경제 불황에 이은 체제 붕괴가 이루어졌다는 말입니다. 그런 면에서 노박은 '개인'의 재발견이 필요하다 역설하였습니다.

> 인간의 창조와 개발, 발견과 증진 능력은 개인에게 있다. 그 능력은 인간을 남자와 여자로 만드신 하나님께로부터 비롯된 것이다. 모든 인간은 창조주 형상으로 만들어졌다. 인간의 창조력은 바로 여기서 나온다. 개인 역할을 줄이고 사회 공급을 늘리면 되지 않느냐 할 수 있지만 그렇게 하면 개인의 창조와 개발 의지를 꺾어버릴 것이다.

그렇다고 개인의 무한 자유와 방임을 주장하지는 않습니다. 자본주의 체제 하에 승자독점 원칙의 무한 자유경쟁이 가져온 폐해를 이미 알고 있는 우리 아닙니까? 이 점에서 노박은 방종과 탐욕으로 흐를 수 있는 개인의 자유와 창조력을 견제할 수 있는 사회적 통제가 여전히 필요함을 지적합니다. 그러나 그런 통제가 과거 사회주의 국가들이 한 것처럼 법과 권력을 내세워 할 것이 아니라(그렇게 한 결과가 어떠했는지 알기에) 개인의 자유로운 신념과 결단에 의해 이루어져야 합니다. 노박은 그 근거를 기독교 전통에서 찾고 있습니다.

> 자유하는 인간은 서로가 서로를 알고, 서로를 존경하며, 서로 돕는 공동체 안에서라야 그 능력을 최대한 발휘할 수 있다. 공동체를 위해 자신의 삶을 바치는 것이야말로 개인이 할 수 있는 가장 고상한 행동이다. 그럼에도 공동체는 여전히 인간을 위해 존재해야 한다. 공동체는 공동체 목적을 달성하기 위해 인간을 희생 수단으로 삼아서는 안 된다. 하나님의

피조물 가운데 가장 아름다운 것이 인간이다. 하늘의 어떤 별도, 바다의 어떤 생물도, 정글의 어떤 짐승도 인간과 견줄 수 없다. 인간은 하나님의 형상으로 지으심을 받았다. 그 결과 인간은 자신을 희생하는 사랑을 통해 이웃과 관계를 맺어야 살아갈 수 있는 공동체 속성을 간직하게 되었다. 이는 삼위일체 하나님의 속성과 같다.

노박은 "성부, 성자, 성령, 서로 다른 위격들(persons)이 하나님 안에서 하나가 된다"는 삼위일체 교리에서 '서로 다른 인격들(persons)이 하나가 되는 공동체'의 신비를 설명합니다.

인간은 오직 공동체 안에서 자신을 완성한다. 기독교 신앙이 고백하는 바, 우리 하나님은 '셋이 하나 되시는 분'(Three-in-One)이자, 위격들의 유기체적 결합이며, 따라서 본질적으로 공동체적이신 분이다. 그러므로 개인과 공동체를 충돌 개념으로 보아서는 안 된다. 둘은 서로를 위해 존재한다. 이미 여러 곳에서 증명된 바와 같이 개인의 능력을 보장하는 사회일수록 건강을 유지할 수 있다.

갈등과 배척의 관계가 아니라 조화와 포용의 관계에서 개인과 사회를 보아야 한다는 말입니다. 그런 맥락에서 개인의 자유와 창조적 기능을 강조하는 자본주의와 공동체(사회)의 책임과 역할을 강조하는 사회주의의 공존이 가능하겠지요. 바로 이 점을 노박은 강조합니다. 경제 전장에서 사회주의가 패한 것은 사실이지만 승자 자본주의는 사회주의가 추구했던 공동체적 가치는 결코 잊어선 안 된다는 말입니다.

인간의 얼굴을 한 자본주의가 그립다

결론적으로 노박은 21세기에도 자본주의 시장경제 체제가 전 세계를 지배해 나갈 것으로 예측했습니다. 특히 과거 사회주의를 채택했다가 실패한 국가들도 본격적으로 시장경제 체제를 받아들일 것이라 했습니다. 그리고 그런 예측은 빗나가지 않았습니다. 러시아와 중국, 베트남은 물론, 최근 북한까지도 시장경제에 대해 적극적인 자세를 취하고 있습니다. 자본주의는 시장경제와 세계화를 양 날개로 삼아 더욱 거세게 공세를 취할 것입니다. 그러나 이런 '공세적' 자본주의의 부작용과 폐해는 빈부격차라는 심각한 문제점을 낳고 있습니다. 이 대목에서 노박은 색깔이 다른 자본주의를 요구합니다. 그는 이를 상업적 인본주의(commercial humanism) 혹은 민주적 자본주의(democratic capitalism)라 하였습니다.

> 민주적 자본주의가 지향하는 바는 지방적이기보다 국제적이며, 개인적이기보다 사회적이며, 낭만적이기보다 현실적이며, 고집불통이기보다 융통적이며, 폐쇄적이기보다 개방적이며, 답보하기보다 발전을 추구한다. 인간적인 것이기에 모호하고 부족한 부분과 흠결도 있다. 그래서 교정도 필요하고 격렬한 비판, 심지어 배척당할 때 그 기능을 최대한으로 발휘할 수 있다.

노박이 말한 민주적 자본주의는 인간적 정이 넘치는 자본주의입니다. 경쟁에서 패한 소외계층에 냉소하고 냉정한 '물질적' 자본주의가 아니라 사회적 빈곤층에 따뜻하게 손길을 펴는 '인간적' 자본주의입니다. 다른 말로 '기독교 자본주의'라 할 수 있습니다. 삼위일체 하나님을 믿는 신앙인들이, 같은 하나님의 형상을 입고 태어났으나 자본주의 경쟁에서 밀려난 사회적 빈곤층을 그리스도의 따뜻한 마음으로 보듬고 세워 줌으로 함께 행복하게 살아가는 공동체를 만들어 가는, 그런 자본주의입니다. 그런 자본주의라면 북쪽의 형제자매들도 그렇게 두려워하지는 않을 것입니다.

IEA

Health and Welfare Unit

Christian Capitalism or Christian Socialism?

Michael Novak

Ronald Preston

Religion and Liberty Series No. 1

▷ 사회주의 체제 붕괴 이후 전개된 새로운 세계경제 질서 재편 과정에서 기독교의 역할을 모색해 보려 편찬된 《기독교 자본주의인가 아니면 기독교 사회주의인가?》. 미국 가톨릭 윤리학자 노박은 사회주의와 자본주의의 폐해를 견제할 수 있는 근거를 기독교 전통에서 찾는다.

3 ——

기독교 사회주의는
어떻게 세상에
나왔는가?

조금 복잡하고 장황하게 느껴질 수도 있겠지만, 인내심을 갖고 조금만
더 기독교 사회주의가 어떤 배경에서 나왔는지 살펴보도록 합시다. 앞서
언급한 《기독교 자본주의인가? 기독교 사회주의인가?》라는 책에 실린 노
박의 글, "공동체와 인간"에 이어 영국 윤리학자 프레스턴은 "자유사회와
도덕질서"(The Moral Order of a Free Society)라는 글을 통해 서구 사상사에
서 기독교 사회주의가 어떤 의미인지 정리하고 있습니다. 그리고 노박과
같은 맥락에서 자유방임적인 자본주의의 폐해를 지적하면서 그 대안으
로 기독교 사회주의를 제시합니다.

자본주의 무한 자유, 그 끝은?

프레스턴은 우선 자본주의든 사회주의든 민주주의 원리에 근거한다는 점에서 공통 기반을 갖고 있음을 지적하고 민주주의 체제를 지탱해온 2대 기본 원리를 다수에 의한 지배와 소수에 대한 배려라고 설명합니다. 다수결이 민주주의 기본 원칙인 것은 사실이지만 다수가 소수를 돌봐줌으로 건강한 민주주의 사회가 유지된다는 말입니다. 그렇다면 그것은 예수 그리스도께서 가르치신 하나님 나라 질서와 다를 바 없습니다. 즉 황금률이라 불리는 "남에게 대접을 받고자 하는 대로 너희도 남을 대접하라"(마 7:12)는 말씀을 근거로 하여 지배와 독점보다는 배려와 나눔에서 그리스도 공동체의 기본 원리를 찾아야 한다는 말입니다. 이런 '제일원리(First Principle)'에 근거하여 자유와 책임이 균형을 이루는 사회, 그것이 성서가 말하는 하나님 나라이자 기독교가 추구하는 민주 공동체입니다.

프레스턴은 이런 맥락에서 초대와 중세, 종교개혁에 이르는 기독교와 서구 역사를 살펴본 후 기독교 사회주의 논의가 시작된 18-19세기 영국 상황을 주목합니다. 잘 알려진 바와 같이 영국에서는 근대 산업혁명에 따른 급격한 사회변동 상황에서 애덤 스미스가 《국부론》을 통해 "개인의 이익을 추구하는 자유로운 경제활동이야말로 사회적 부를 가져오는 것이며, 또 그 활동은 '보이지 않는 손'에 의해 부의 공정하고 효율적인 배분도 실현하며, 사회적 조화가 실현된다"고 주장하였습니다. 이는 이익을 추구하는 개인의 자유와 경쟁, 그리고 보이지 않는 손으로 지칭한 시장의 자율 질서를 축으로 하여 이루어지는 자본주의 경제 원리로, 이후 나타난 자본주의 경제 이론들의 고전이 되었습니다.

　같은 시기 영국 성공회 사제 맬더스는 성욕과 식욕을 인간의 경제활동의 기본 요인으로 설정한 후 경제 불균형이 나타나는 이유를 인구 과잉 혹은 감소로 설명하였습니다. 그러면서 그는 《인구론》에서 "인구 과잉에서 비롯된 빈곤 문제는 도덕적 억제력을 통해 인구를 조절함으로 해결할 수 있다"고 주장했습니다. 이처럼 스미스와 맬더스는 이익(욕구)을 추구하는 개인의 자유를 최대한 보장해야 한다는 점을 강조하였고, 그런 맥락에서 인간의 경제활동에 대한 국가나 정부의 간섭이나 통제를 배격하였습니다. 부의 분배와 균형 문제는 보이지 않는 손(시장)과 도덕적 억제력(종교와 교육)을 통해 해결될 수 있다고 보았습니다. 모두가 인간에 대한 낙관적 이해를 바탕에 깔고 있습니다.

　그러나 19세기 영국 사회는 스미스나 맬더스가 예측했던 것처럼 그렇게 '행복하게' 전개되지 못했습니다. 이익을 추구하는 개인의 자유와 경쟁을 최대한 보장하려는 경제 원리는 자유방임주의를 불러왔고 그 결과 우려했던 빈부격차와 빈곤층 증가로 심각한 사회 문제가 야기되었습니다. 스미스나 맬더스가 생각했던 것처럼 인간이 그렇게 착하지만은 않았기 때문입니다. 인간의 욕심은 한이 없었고 부자는 재물을 나누기보다 쌓아 두고 즐기는 데 급급했습니다. 분배를 촉진시킬 것으로 기대하였던 보이지 않는 손이나 도덕적 억제력이 가진 자에겐 자유로, 가지지 못한 자에겐 굴레로 작용하였습니다. 이런 때 영국의 주류 교회는 노동자와 농민, 빈민보다 귀족과 자본가, 부자들의 편을 드는 모습을 보여 주었습니다. 소외 계층의 좌절과 실망이 클 수밖에 없었겠지요.

1848년, 유럽 혁명의 해

바로 이런 상황에서 영국의 일부 성직자와 신학자들이 가난한 이웃, 소외계층을 향한 교회의 사회적 책임을 말하기 시작하였습니다. 이들은 심각한 사회문제로 대두되고 있는 빈곤층 문제를 교회가 더 이상 외면하거나 가진 자의 편을 들어선 안 된다고 생각하였습니다. 앞서 스미스나 맬더스, 그리고 이들의 뒤를 이어 "최대다수의 최대행복을 추구하는 것이 통치와 윤리의 규범"이라며 쾌락을 행복의 잣대로 삼아 경제활동에서 무한 자유를 주장했던 벤담의 공리주의에 이르기까지, 개인의 자유와 이익 추구, 시장의 자율적 질서에 근거한 자본주의적 경제론으로는 빈부격차 문제를 해결할 수 없음을 확인했습니다. 그래서 부의 균형적 분배를 추구할 수 있는 새로운 제도와 장치가 필요하였고 그런 사회적 제도를 뒷받침할 수 있는 다른 신학이 필요했습니다.

바로 이런 배경에서 기독교 사회주의가 나오게 되었습니다. 영국에서 시작된 기독교 사회주의 운동에 대한 프레스턴의 평가는 다음과 같습니다.

> 1840년 어간으로 돌아가 보자. 당시 신학 사조는 맬더스 이후의 자유방임주의가 절대 지지를 얻고 있었다. 바로 그런 때, 19세기 위대한 신학자 중 한 명인 모리스가 성서의 제일원리를 주목하고 경쟁을 우주와 인간계의 제일원리로 보는 것은 잘못이라고 하였다. 이것이 바로 1848년 시작된 기독교 사회주의 운동의 기본 원리가 되었다. 사실 모리스는

여기서 더 나아가지 못했다. 모리스 자신이 사회에 대해 유기적이라기보다 수직적인 이해를 하고 있었다. 그는 액면 그대로의 사회주의자는 아니었다. 그가 시작한 기독교 사회주의 실험도 오래 지속되지 못했다. 그러나 그 이후 여러 세기를 거쳐 오늘에 이르기까지 기독교 사회주의 운동은 계속 발전해 왔는데, 그 점에서 모리스의 공헌은 어느 누구도 부인할 수 없을 것이다.

여기서 주목할 것은 영국에서 기독교 사회주의 운동이 일어난 시기입니다. 유럽에서 1848년은 '혁명의 해'였습니다. 우선 1848년 2월 프랑스에서 도시빈민과 노동자들이 주도한 민중 혁명이 일어나 가까스로 명맥을 유지하던 봉건통치는 종지부를 찍게 되었습니다. 파리에서만 하루에 1천여 명이 희생된 피의 혁명이었지요. 그리고 이에 자극을 받아 그해 3월 오스트리아 빈과 독일 베를린에서도 시민혁명이 일어났고 그 결과 신성로마제국의 마지막 왕들은 그 권력을 시민들에게 넘겨주어야만 하였습니다.

이처럼 유럽의 1848년은 혁명의 때였습니다. 봉건체제의 상층부인 국왕이나 귀족들이 더 이상 부와 권력을 독점할 수 없도록 시대는 변하고 있었습니다. 소수가 다수를 지배하고, 다수가 소수를 위해 봉사하였던 지금까지의 구체제(Ancien Régime)와 다른, 새로운 체제를 말하는 지식인과 성직자들이 생겨났습니다. 이들의 이론에 약간씩 차이는 있었지만 그들은 만민의 자유와 평등, 부의 균형적 분배, 가난한 이들에 대한 사회적 안전장치 등을 구현할 수 있는 세상을 지향하였습니다. 이런 사상적 논의들은 자연스럽게 사회주의란 용어로 불리기 시작하였습니다. 그렇게 해서 사회주의 혁명이란 말이 나오게 되었습니다. 그리고 그러한 혁명의 수단으로 폭력을 용인하는 흐름도 나타나게 되었습니다. 바로 이 대목에서 교회의 고민이 시작되었습니다.

여기서 잠깐, 유럽 사회의 근대 시대를 열었던 프랑스혁명이 기치로 내건 3대 정신인 자유와 평등과 박애를 생각해 봅니다. 이 정신적 가치들이 이후 서구 사회의 이데올로기와 정치·경제, 사회·문화의 형성과 운동을 결정지었기 때문입니다. 우선 자유를 최우선 가치로 여기고 이를 극대화한 결과 자본주의 체제와 문화가 형성되었습니다. 자본주의는 신앙의 자유, 종교의 자유, 사상의 자유, 특히 경제활동에서 개인의 자유를 최대한 보장합니다. 그래서 자본주의 세계에서 자유를 침해하는 행위는 범죄로 인식됩니다. 이처럼 자본주의 체제에서 개인의 자유를 극대화한 결과 개인간 경제적 소득의 불균형은 불가피하였고 그것은 사회적 불안 요소가 되었습니다. 여기서 평등을 최우선 가치로 여기는 사회주의가 나오게 됩니다. 사회주의는 소득 재분배와 자본의 공동소유를 통한 경제적 평등 사회를 구현하기 위한 강제적 물리력을 동원합니다. 그것이 혁명이든 법이든 자발적으로 한 것은 아니기에 빼앗긴 자의 불만과 빼앗는 자의 폭력은 불가피했고 그것이 또한 사회적 불안 요소가 되었습니다. 자유를 극대화하는 자본주의와 평등을 극대화하는 사회주의 사이에 갈등과 충돌이 불가피해졌습니다. 여기에 양극의 충돌을 막을 완충 지대로서 제3의 가치, 박애가 필요합니다. 바로 자발적인 나눔과 희생을 추구하는 기독교의 '사랑'입니다. 서로 지향점이 다른 자유와 평등 사이의 연결 고리로서 박애가 필요하듯 이질적인 자본주의와 사회주의 사이에서 기독교가 가교(架橋) 역할을 해야 한다는 말입니다. 프랑스혁명 직후 전개된 가치관과 이념의 충돌 시대에 의식 있는 성직자와 신학자들이 이 점을 주목한 것입니다.

사실 프랑스나 독일 혁명 과정에서 교회는 주도적인 역할을 하지 못했습니다. 오히려 교회 지도자들은 혁명 진행 과정에서 가진 자의 편에 서거나 무너져 내리는 봉건 체제를 유지하기 위해 애쓰는 모습을 보여주었고 그 바람에 교회는 혁명의 대상이 되어버렸습니다. 분노한 군중이 예배당을 불태우고 성직자들을 살해했습니다. 물론 노동자나 학생 편에 선 성직자가 없었던 것은 아니지만 아주 소수였고, 교회는 빈곤층을 대변하려는 이들의 노력을 외면하였습니다. 그런데 문제는 교회가 단지 혁명과 거리가 멀어진 것이 아니라 현실 사회와 거리가 멀어졌다는 것에 있었습니다. 혁명의 폭력성도 문제지만 기득권층의 이익만 대변하려는 교회의 현실 인식이 더 큰 문제였습니다. 이런 상황에서 "이건 아니다!" 외치면서 대안 모색에 나선 신학자와 성직자들이 있습니다. 바로 프레스턴이 언급했던바, 모리스를 중심으로 한 '기독교 사회주의자들'입니다.

1848년 4월 10일, 기독교 사회주의의 생일

사실, 모리스(Frederick D. Maurice)보다 먼저 이러한 이론을 생각한 인물로 러들로우(John M. Ludlow)가 있습니다. 영국군 장교의 아들로 인도에서 출생한 러들로우는 파리 부르봉칼리지와 런던 링컨스인 법학원에서 공부하고 런던에서 변호사로 활동하였습니다. 그는 파리에서 공부할 때 빈민 선교를 하던 루터파 목사 메이예르(L. Meyer)에게 깊은 영향을 받았는데 메이예르로부터 "당신은 런던의 빈민들을 위해 무슨 일을 하고 있습니까?"라는 질문을 받은 후 이를 '신적인' 소명으로 알고 런던으로 귀환하여 주변의 빈민들을 돌보는 일을 시작하였습니다.

러들로우는 빈곤 문제야말로 교회가 해결해야 할 지상 과제이며, 이는 단순히 제도와 법의 문제가 아니라 신학과 철학의 문제인 것을 깨달았습니다. 그래서 당시 청년 학생층에게 인기가 많았던 런던 킹스칼리지 윤리학 교수 모리스를 찾아갔습니다. 그런데 온건파였던 모리스는 처음 러들로우의 '사회주의적' 인식에 소극적인 반응을 보였습니다. 그러던 중 1848년 2월, 프랑스 혁명이 일어났고 러들로우는 파리로 가서 민중혁명의 현장을 지켜보았습니다.

혁명 이후 프랑스 지식인 사회에서는 사회주의 논의가 활기차게 전개되었습니다. 사회주의는 거역할 수 없는 시대정신과도 같았습니다. 그런데 논의되고 있는 사회주의 이론과 방법론 중에는 기독교가 도저히 받아들일 수 없는 것도 있었고, 의도적으로 기독교를 배제하려는 논의도 있었습니다. 게다가 얼마 전까지 왕권신수설을 펼치며 봉건 왕조를 옹호했던 주류 교회는 이런 논의에서 '왕따' 당하고 있었습니다. 이 모든 상황을 목격한 후 귀국길에 오른 러들로우의 머릿속에 다음과 같은 구호가 떠올랐습니다.

사회주의의 기독교화!(Christianization of socialism)

　다른 말로 하면, 사회주의에 그리스도의 이름으로 세례를 주자는 것입니다. 혁명 시대 유럽에 거세게 몰려오는 사회주의 물결을 피하지만 말고 이를 적극 수용하여 기독교도 살고, 사회주의도 살리는 제3의 길을 모색하였던 것입니다. 그는 런던으로 돌아오자마자 모리스를 찾아가 프랑스 혁명의 실상을 보고하고 자신의 구상을 밝혔습니다. 그러자 모리스도 이번엔 적극적으로 나왔습니다. 그 무렵 모리스는 영국에서 활기차게 전개되고 있던 차티스트운동에 큰 기대를 걸고 있었습니다. 이 운동은 오언(Robert Owen)이 제창한 사회협약 원칙에 근거하여 노동자와 중산층이 연대하여 평등과 참정권을 요구하던 시민 운동이었습니다. 차티스트운동의 정점은 1848년 4월 10일, 전국에서 올라온 노동자들 (전체 인구 1,900만 중) 570만 명이 서명한 청원서를 런던 의회에 제출하는 것이었습니다. 그러나 이 운동은 실패로 끝났습니다. 운동을 이끌었던 노동자와 중산층의 견해가 달랐기 때문입니다. 프랑스와 독일에서 일어난 '민중 혁명'에 자극을 받은 영국의 노동자들은 폭력을 행사하더라도 참정권을 얻어 내자는 입장인 반면 중산층은 비폭력을 주장했습니다. 결국 막바지에 중산층은 발을 뺐고 노동자들의 시위행진도 군대의 무력 진압으로 해산되었습니다. 어렵사리 의회에 제출된 청원서도 심의 한 번 없이 묵살되었습니다.

　바로 이런 일이 일어난 1848년 4월 10일, 모리스는 감기로 집에 몸져누워 있었고 러들로우는 사무실로 출근해서 행여 노동자 시위가 파리에서처럼 폭동으로 발전하지나 않을까 걱정하고 있을 때 한 젊은 목회자가 그의 사무실로 찾아왔습니다. 모리스의 킹스칼리지 제자로서 에버슬리에서 목회를 하고 있던 성공회 청년사제 킹슬리(C. Kingsley)였습니다. 평소 노동자와 빈곤층 문제에 관심이 많았던 그도 4월 10일 집회에 참석하러 올라왔다가 모리스의 소개로 러들로우를 방문한 것입니다. 두 사람은 노동자 시위가 어떻게 진행되는지 보려고 시내로 나갔다가 진압당해 풀이 죽어 흩어지는 노동자들만 안타깝게 지켜보았습니다. 실망한 두 사람은 모리스를 찾아갔습니다.

그리하여 퀸스퀘어의 모리스 집에서 시대의 문제로 고뇌하는 세 종교인들의 토론이 벌어졌습니다. 토론은 "실의에 빠진 노동자들을 어떻게 도와야 하는가?"로 시작하여 "빈곤을 비롯한 사회문제 해결을 위해 교회는 무엇을 해야 하는가?"로 발전하였습니다. 우울하게 시작된 토론 분위기는 자정을 넘기면서 바뀌었습니다. 특히 모리스가 "현존하는 사회에서 갈등을 해소하고 조화와 협력을 이끌어낼 수 있는 '하나님의 질서'(ordo Dei)가 분명히 있다. 우리 모두 그 질서를 인정하고 따르기만 하면 풀지 못할 문제는 없을 것이다" 하였을 때 러들로우와 킹슬리도 동의하였고, 셋은 그 하나님의 질서를 구하고 이를 구현하는 것에 생을 걸기로 하였습니다. 그들이 구한 하나님의 질서는 곧바로 기독교 사회주의란 이름으로 표현되기 시작하였습니다.

이튿날, 런던 시내에는 "노동 사제가 영국의 노동자들에게"라는 제목의 게시물이 나붙었습니다. 킹슬리가 모리스와 러들로우의 도움을 받아 그날 새벽 쓴 글이었습니다. 글은 차티스트운동의 의미와 한계를 지적한 다음 노동자들이 스스로 자유를 쟁취하기 위한 노력을 하되 그것은 철저히 신앙에 바탕을 둔 것이어야 함을 강조했습니다. 글에 이런 대목이 있습니다.

전능하신 하나님과 예수 그리스도, 자신도 가난하셨고 가난한 자들을 위해 돌아가신 그분께서 그대들에게 자유를 주실 것이다. 물론 지구상의 모든 포식자들은 그대들을 억누르려 할 것이지만.

글은 다음과 같이 끝납니다.

덕을 갖추지 않은 자유는 참된 것이 아니다. 종교를 부인하는 과학도 참된 것이 아니다. 하나님을 두려워하고 이웃과 시민을 사랑하지 않는 기업도 참된 것이 아니다. 영국의 노동자들이여, 현명할지어다. 그래야 자유할 것이다. 자유는 그것을 누릴 수 있는 자격을 갖춘 자에게 주어질 것이기 때문이다.

역사가들은 이 날을 기독교 사회주의의 생일로 기록하고 있습니다. 이후 세 사람은 노동자를 위한 잡지 〈민중 정치〉(*Politics for People*)를 발간하기 시작했고, 1850년 공장 기술자, 대장장이, 제분업자, 주물제작자 등 다양한 직종의 노동자들을 묶어 처음으로 노동조합을 만들었으며, 1854년에는 천국과 지옥에 대한 생각이 '이단적'이란 이유로 킹스칼리지에서 파면된 모리스를 학장으로 하여 런던 노동자대학(Workingmen's College in

London)까지 설립했습니다. 이 모든 기관과 사업의 기본 이념이 기독교 사회주의였음은 물론입니다.

또 다른 사회주의, 공산주의의 도전

이처럼 기독교 사회주의의 기년(紀年)으로 기록되는 1848년에 또 하나 중요한 사건이 일어났습니다. 그해 2월, 그 유명한 〈공산당 선언〉이 나온 것입니다. 독일 유대인 가정에서 태어났으나 개신교회에서 신앙훈련을 받은 마르크스와 바르멘 출신 경제학자 엥겔스가 함께 집필하여 런던에서 인쇄한 이 선언서는 현대 공산주의 역사의 개막을 알리는 신호였습니다. 선언서에 나오는 몇 마디 명제들만 보아도 그 성격을 알 수 있습니다.

• 세계 역사는 계급투쟁의 역사다.
• 경제적 생산과 교환 방식이 그 시대의 사회조직 및 정치, 지성사의 바탕이 된다.
• 프롤레타리아(노동자) 계급의 해방은 지배계급의 착취 구조로부터 해방되지 않고는 이룰 수 없다.
• 공산주의자들은 종래의 사회질서를 전복시킴으로써만 목적을 달성할 수 있다는 것을 선포한다.
• 프롤레타리아가 잃을 것은 쇠사슬이며 얻는 것은 세계다. 전 세계의 노동자들이여 단결하라!

주체적인 투쟁으로 자유와 평등을 얻을 수 있다는 계급해방론은 그동안 지배계급의 온정과 자비만 기대하며 청원했다가 번번이 거절당하여 좌절과 분노에 사로잡혔던 노동자 계층에 큰 반향을 일으켰습니다. 특히 프롤레타리아 혁명(계급투쟁)을 통해 사유재산을 몰수하고 모든 생산 기반과 수단을 국유화함으로 소득의 공평한 분배가 이루어질 수 있다는 낙관적 전망은 노동자들에게 매력적인 '복음'이었습니다. 〈공산당 선언〉은 이후 영어와 프랑스어로 번역되었고 후에 나온 〈자본론〉과 함께 공산주의 경전이 되었습니다.

여기서 마르크스 이론을 놓고 찬반논쟁을 할 생각은 없습니다. 다만 당시 마르크스의 사회주의 이론이 다윈의 진화론만큼이나 전통적인 사고와 역사관, 가치관을 뒤집어 놓았다는 점에서 혁명적이었다는 사실은 인정해야 할 것입니다. 무엇보다 정신이 물질세계를 지배한다는 고전적 유심론 대신 물질이 정신세계를 지배한다는 유물론을 제시함으로 정신 물질에서 물질 정신으로, 위 아래에서 아래 위로 사유 방식을 뒤집어 놓은 것이 혁명적이었습니다. 이런 이론과 주장을 모두 받아들일 수는 없지만 그동안 나왔던 어떤 사회주의 담론보다 노동 현실에 기반을 둔, 노동자 입장을 대변하는 것이었기에 당시 사회의 소외계층, 노동자 계급으로부터 지지와 호응을 받은 것은 사실입니다.

마르크스와 그 추종자들은 이런 자신들의 이론을 과학적 사회주의라 하여 그 이전에 있었던 사회주의 담론과 구별하였습니다. 그들이 공상적 사회주의라 불렀던 이전의 사회주의 이론들은 현실적이지도 않고 과학적이지도 않은, 이론만 그럴싸하고 실현 가능성은 전혀 없는, 부르

주아 지식인들의 말장난일 뿐이라 폄하하였습니다. 이런 공상적 사회주의는 어떤 의미에서 자본주의보다 더 경계할 혁명 대상이었습니다. 마르크스주의자들이 비판한 공상적 사회주의의 범주에는 독실한 기독교인으로 사회주의 담론을 개척했던 프랑스의 생시몽(Henri de Saint-Simon)과 레루(Pierre Leroux), 푸리에(Charles Fourier), 부셰(Phillipe Buchez), 영국의 오언, 독일의 바이틀링(Wilhelm Weitling) 등은 물론, 영국에서 기독교 사회주의 운동을 개척했던 모리스와 러들로우, 킹슬리 등도 포함되었습니다.

'공상적'이라서 갖는 새로운 가치

바로 이 점에서 오늘 기독교 사회주의는 새로운 평가를 받을 필요가 있습니다. 마르크스와 레닌 이후 한 세기 동안 진행된 자본주의와 경쟁에서 공산주의, 즉 과학적 사회주의가 패한 것은 분명합니다. 과학적 사회주의 이론과 방법에 치명적 한계와 허점이 있었기 때문입니다. 사회적 통제 안에 이루어지는 균등 분배를 강조하다 보니 생산과 소득 창출의 동기가 되는 개인의 자유의지와 시장경쟁의 자율성을 억제한 것이 결정적인 실수였습니다. 그렇다고 자본주의의 승리를 무작정 축하할 수만 없는 것이, 부의 편중과 그로 인한 사회계층간의 갈등과 충돌이 심각한 사회문제로 대두되고 있기 때문입니다.

어쩌면 요즘 상황은 사회주의 담론이 시작되었던 19세기 중반 유럽 상황과 다를 바 없습니다. 그런 점에서 자본주의(봉건주의)와 공산주의(과학적 사회주의)라는 적대적 관계 속에서 제3의 길을 모색했던 기독교 사회주의자들의 고민과 노력에 관심을 기울일 필요가 있습니다. 오늘 상황에서도 기독교 사회주의는 개인의 무한 자유와 시장경쟁이 가져올 자본주의의 불행에 대해 경고합니다. 한편 공산주의에 대해서는 기독교 사회주의가 결코 공상적이지 않고 현실적이고 실천적인 것임을 보여 주어야 합니다. 기독교 사회주의는 자본주의의 기본 원리인 자유를 충분히 보장하면서도 사회주의의 기본 가치인 평등을 구현할 수 있는 사회를 지향합니다.

프레스턴이 자기 논문 말미에서 진술한 것이 바로 그것입니다. 그는 "자유사회의 도덕적 근거"란 말로 자신의 주장을 요약하였습니다.

> 민주적 자본주의와 결합된 자유는 너무 개인주의적이다. 시장도 통제하지 않고 버려두면 노동을 단순한 생산수단으로 보고 토지와 자본도 비인간적으로 사용하게 된다. 우리는 개인이 자기 멋대로 행동하지 못하도록 시민들이 서로 주고받을 수 있는 건강한 사회구조를 만들 필요가 있다. 바로 이것이 복지국가가 지향하는 바다. 그렇게 하지 못했기 때문에 최근 불순한 이유를 들어 사회가 공격당하고 있다. 자유를 강조하는 만큼 평등도 강조해야 한다. 그러나 평등을 지나치게 강조하면 자본주의의 장점인 역동성을 제한하고 억제하게 된다. 신약성서의 시대를 포함하여 과거 정체된 사회와 달리 오늘과 같은 역동적인 사회에서는 창의와 개발, 적응과 도전, 호기심과 같은 것들이 더욱 강조되어야 한다. 이 모든 것들이 인간의 삶을 개선해 왔다. 그러나 그동안 무시되었던 세계 인구의 3분의 2가 이제 개선 대상이 되었다. 그러나 여기에도 도덕적 통

찰이 필요하다. 그렇게 하지 않으면 어떤 새로운 권력이 인류를 재앙으로 몰고 갈 것이기 때문이다.

프레스턴의 고민은 1848년 4월 10일, 영국 런던에서 모리스와 러들로우, 킹슬리 등이 만나 밤새워 토론하였던 그 주제와 다를 바 없습니다. 프레스턴이 말한 도덕적 근거는 모리스가 사회 갈등과 분열을 치유할 절대적 근거로 제시하였던 하나님의 질서 그것이었고 예수 그리스도 이후 이 땅에서 하나님의 나라를 건설하고자 애썼던 모든 사람들이 행동의 제일 원리로 삼았던 황금률, "남에게 대접을 받고자 하는 대로 너희도 남을 대접하라"는 말씀의 다른 표현이었습니다. 바로 기독교 사회주의가 추구하는 질서이자 원리입니다. 이제부터 이런 기독교 사회주의 원리를 염두에 두고 성서를 읽어가면서 이를 구현했던 예를 찾아 보겠습니다.

▷ 킹슬리

▷ 러들로우

▷ 모리스

▷ 1848년 4월 10일 모리스의 집에서 킹슬리와 러들로우는 사회의 갈등을 해소하고 조화와 협력을 이끌어 낼 수 있는 '하나님의 질서'를 구하고 이를 구현하는 것에 생을 걸기로 하였다. 그것은 기독교 사회주의란 이름으로 표현되었다.

4

만나 공동체,
나눔의 신비

⟨연합뉴스⟩(2008. 2. 9.)에서 읽은 기사입니다.

한국이 세계 주요 34개국 가운데 경제 양극화에 관한 불만을 느끼는 비율이 가장 높은 것으로 조사됐다. 일본 ⟨요미우리신문⟩과 영국 BBC방송이 공동 실시한 조사 결과에 따르면, 경제적 격차에 불만을 느끼는 사람이 한국에서는 86%로 나타났다. 이는 34개국의 불만을 느끼는 비율의 평균인 64%에 비해 월등하게 높은 수치다. 이탈리아와 포르투갈은 각각 84%로 두 번째로 높게 나타났으며, 양극화 문제가 심각한 일본도 그 다음으로 높은 83%로 조사됐다. 캐나다는 39%로 주요 선진국 가운데 가장 낮았으며, 미국은 52%, 영국은 56%를 기록했다.

일본 〈요미우리신문〉과 영국 BBC방송이 2007년 10월부터 2008년 1월까지 실시한 여론 조사에 참여한 34개국 국민 3만 4,528명의 응답을 분석한 결과 경제의 양극화 현상에 대한 불만도가 한국이 가장 높게 나왔다는 보도입니다. 우리 국민 열 명 중 아홉 명이 부의 양극화 현상에 불만을 품고 있다는 말입니다. 자본주의 경쟁체제에서 필연적 결과로 나타나는 경제적 불균형이 묵과할 수 없는 우리 사회의 불안요소인 것을 다시 한 번 확인한 셈입니다. 불만은 불평을, 불평은 불안을, 불안은 폭력을 낳게 되어 있습니다. 불만을 다스리지 않으면 평화는 깨질 수밖에 없습니다. 개인적인 불만이면 방화 정도로 끝나지만 집단적인 불만은 폭동으로 연결됩니다. 소득 불균형이 불가피한 자본주의 체제에서 사회적 평화와 안정을 유지하기 위해서라도 균형 분배를 담보할 수 있는 사회적 인식과 장치가 필요합니다. 기독교 사회주의는 바로 이런 문제를 해결하기 위한 고민에서 출발합니다.

광야에서 탄생한 만나 공동체

성서를 읽다가 출애굽기에 나오는 이스라엘 백성의 광야 공동체에서 기독교 사회주의의 첫 번째 모델을 발견했습니다. 이스라엘 백성은 애굽을 탈출한 후 가나안에 정착하기까지 40년간 광야에서 농사지을 땅도, 생산할 공장도 없었음에도 몸의 옷이 낡아지지 아니하였고 발의 신이 해어지지 아니하였습니다(신 8:4, 29:5) 매일이 기적 같은 삶이었습니다. 그 과정에서 이스라엘 백성은 다른 민족과 구별되는 독특한 공동체 의식이 형성되었고 이를 바탕으로 그들 특유의 생활공동체가 이루어졌습니다. 그것은 물질이나 제도 중심이 아닌 종교 중심 공동체였습니다. 사람들은 그것을 율법 공동체 혹은 계약 공동체라고 부릅니다. 나는 그것을 만나 공동체라 부르겠습니다. 그들이 광야에서 먹은 음식, 만나를 중심으로 형성된 공동체이기 때문입니다.

이스라엘 백성은 애굽을 떠난 지 두 달 보름 만에 신 광야에 이르렀는데 거기서 애굽에서 가지고 나온 양식이 다 떨어졌습니다. 불안한 백성들은 지도자 모세에게 불평과 불만, 나중에는 원망까지 쏟아 부었습니다. 배고픈 자에게 나타나는 자연스런 현상이지요. 모세도 어찌할 바 모르고 난감할 때 하나님께서는 "하늘에서 양식을 비같이 내리리니 백성이 나가서 일용할 것을 날마다 거둘 것이라"(출 16:4)는 말씀을 모세에게 들려 주셨고, 과연 이튿날부터 아침마다 지면에 "작고 둥글며 서리같이 가는 것이" 가득하게 깔려 있었습니다. 잠자리에서 일어난 백성들이 그것을 주워 먹어 보니 "꿀 섞은 과자" 같았습니다. 그 맛을 본 백성들은 서로 얼굴을 쳐다보며 그들 말로 "만나 만후"(manna manhu) 하였습니다. 번역하면 "뭐야? 이게"(What is this?)입니다. 여기서 '만나'(manna)란 명칭이 생겨났습니다. 따라서 만나란 말에는 "먹던 것이 아니다", "출처를 알 수 없다", "어떻게 생긴 건지 알 수 없다"는 뜻이 담겨 있습니다. 이 낯선 음식을 맛보고 의아해 하는 백성들에게 모세는 "이것은 주께서 너희에게 주어 먹게 하신 양식이다"라고 설명해 주었습니다. 그제서야 백성들은 그것이 하늘에서 내려온 은총의 양식, 즉 하나님의 양식인 것과 그렇

기 때문에 그것을 먹는데 나름대로 특별한 질서와 원칙이 있음을 알게
되었습니다. 대략 다음과 같은 것입니다.

- 만나는 매일 한 차례, 새벽에 내리는데 해가 중천에 뜨면 스러져 없어
  진다. 따라서 만나를 거둘 수 있는 시간은 아침뿐이다. 게으르면 얻
  을 수 없다.
- 만나는 하루 한 사람에 한 오멜(되)씩 거두어야 한다.
- 만나는 그날 거두어 그날 먹어야 하며 다음 날까지 남겨 두어선 안 된
  다. 남겨 두면 벌레가 생기거나 썩어서 먹을 수 없게 된다.
- 만나는 안식일에 내리지 않는다. 대신 전날 충분히 내려 이틀 치를 거
  둘 수 있고, 그렇게 해서 남겨둔 안식일 양식은 썩지 않는다.

이스라엘 백성은 광야 40년 동안 하나님이 정해 주신 이런 원칙에 따
라 만나를 먹으며 살았습니다. 그런 식으로 애굽에서 노예 음식만 먹고
살아 '노예 체질'이던 이스라엘 백성이 광야에서 만나만 먹고살아 '만나
체질'로 바뀌었습니다. 그래서 하나님께서 택하신 만나 공동체가 탄생하
였습니다.

만나, 그 신비한 양식

사람들은 전혀 경험해 보지 못한 것, 처음 보는 것, 상식적으로 이해

되지 않는 것에 신비롭다는 표현을 씁니다. 그런 의미에서 과연 만나는 신비로운 음식이었습니다. 신비(神秘)는 말 그대로 '하나님의 비밀'입니다. 그 비밀은 아무나 알 수 있는 것이 아닙니다. 특별히 선택된 사람만 그 것을 알 수 있습니다. 하나님께서는 그런 식으로 이스라엘 백성들을 택하시고 그들을 광야로 이끌어 내신 후 그곳에서 당신의 비밀을 담은 양식, 만나를 내려 주신 것입니다. 그걸 먹는 사람이 그것에 담긴 하나님의 비밀도 알도록 말입니다. 만나를 먹으면 배만 부를 뿐 아니라 하나님의 비밀까지 깨닫게 됩니다. 그래서 만나는 육적인 동시에 영적인 음식입니다. 그런데 세월이 흐르면서 사람들이 이런 만나의 신비를 알지 못하고 그저 육적인 양식으로만 여기게 되었습니다. 그래서 모세는 40년 광야생활을 마감하는 시점에서 후손들에게 만나의 신비를 다음과 같이 재확인시켜 주었습니다.

> 너를 낮추시며 너를 주리게 하시며 또 너도 알지 못하며 네 조상들도 알지 못하던 만나를 네게 먹이신 것은 사람이 떡으로만 사는 것이 아니요 여호와의 입에서 나오는 말씀으로 사는 줄을 네가 알게 하심이니라
> ○ 신명기 8장 3절

이 말씀은 예수 그리스도께서 공생애를 시작하시면서 40일 금식기도 하신 후 (육적으로) 심히 배고팠으나 (영적으로) 말씀에 충만한 상태에서 "돌로 떡을 만들라"고 유혹하는 사탄에게 던지신 말씀이기도 합니다(마 4:4). 사람이 살아가는 데 물질이 필요하고 또 중요하지만 그것을 최우선으로

놓고 그것에 매여 살아서는 안 된다는 것이지요. 물질보다 중요한 그 무엇이 있다는 말입니다. 떡은 물질과 육신을, 말씀은 정신과 영혼을 의미하였습니다. 그렇다고 예수님이 물질이나 육신 자체를 부정하거나 거부하신 것은 아닙니다. 혼인 잔치 손님들을 위해 포도주도 만드셨고 배고픈 군중을 떡으로 먹이셨습니다. 주님 말씀은, 물질의 지배를 받지 말고 바른 정신으로 물질을 관리하라는 말씀이겠지요. 그러면 물질과 정신, 육신과 영혼은 상극이 아닌, 상생 관계를 이룰 것입니다. 상극 관계를 이루고 있는 자본주의와 사회주의 사이에서 기독교 사회주의가 추구하는 것이 바로 이런 상생 관계입니다.

이처럼 종교 영역 안에서 이루어지는 영과 육, 물질과 정신의 합일, 우리는 그것을 신비라고 합니다. 예수 그리스도는 그 신비의 결정체였습니다. "말씀이 육신이 되어 우리 가운데 거하심"(요 1:14)으로 이 땅에 오신 주님은 "내가 아버지 안에 거하고 아버지는 내 안에 계신다"(요 14:10) 하시며 제자들에게 "내 안에 거하라 나도 너희 안에 거하리라"(요 15:4) 하셨습니다. 그런 신비 관계를 통해 우리는 비로소 하나님을 알게 됩니다(요 14:7). 그리고 그 관계의 빛에서 우리는 하나가 됩니다. 생각이 달라 대화가 되지 않던 사람들이 그리스도 안에서 마음이 통하여 하나가 됩니다. 대화가 될 것 같지 않던 자본주의와 사회주의 사이에 기독교가 들어감으로 둘 사이에 대화가 이루어지고 결국 협력과 일치를 추구하면서 나타날 것이 기독교 사회주의입니다. 신비한 합일의 원형이 되신 그리스도께서 제자들을 위해 드리셨던 마지막 기도입니다.

아버지여, 아버지께서 내 안에, 내가 아버지 안에 있는 것같이 그들도 다 하나가 되어 우리 안에 있게 하사 세상으로 아버지께서 나를 보내신 것을 믿게 하옵소서 ○요한복음 17장 21절

그리스도 안에서 하나님을 알아 서로 하나가 되는 것, 이것이 그리스도 사건에 담긴 하나님의 비밀이었습니다. 만나에 담긴 신비처럼 말입니다. 사실 예수님은 '하늘의 만나'였습니다. 우리가 잘 아는 오병이어 기적이 있은 직후 많은 사람들이 예수님께 몰려와 먹을 것을 구하였을 때 주님은 "썩을 양식을 위하여 일하지 말고 영생하도록 있는 양식을 위하여 하라"(요 6:27) 하시고, "내가 곧 생명의 떡이다"(요 6:48) 하셨습니다. 그리고 광야 공동체가 먹었던 만나의 의미를 다음과 같이 풀어 설명하셨습니다.

너희 조상들은 광야에서 만나를 먹었어도 죽었거니와 이는 하늘에서 내려오는 떡이니 사람으로 하여금 먹고 죽지 아니하게 하는 것이니라 나는 하늘에서 내려온 살아 있는 떡이니 사람이 이 떡을 먹으면 영생하리라
○요한복음 6장 49-51절

구약의 만나는 하루만 지나도 썩어 버려 먹을 수 없고 그것을 먹은 모든 사람들이 죽어 없어졌지만 이제 하늘로부터 내려오는 새로운 만나, 생명의 떡은 영원히 썩지 않을 뿐 아니라 누구든 한 번만 먹으면 영원히 배고프지도, 목마르지도 않는(요 6:35) 신비의 양식입니다. 매일같이 이런

신비스런 양식을 먹고 사는 사람들의 일상에서 신비한 경험, 신비한 현상이 나타날 것은 당연합니다. 보는 것과 듣는 것, 사는 게 모두 신비로울 뿐입니다. 그래서 만나 공동체는 신비 공동체가 됩니다.

많이 거둔 자도, 적게 거둔 자도

하나님께서 정하신 만나 규칙 중 가장 핵심적인 것은 '한 사람이 하루에 한 오멜'(一人一日一斗)이었습니다. 하루 단위로 하늘에서 내려온 음식의 양이 정해져 있기에 음식은 골고루 균등하게 분배되어야 했습니다. 그래야 누구는 "배 불러 죽겠다" 하고, 누구는 "배고파 죽겠다" 하지 않고 모두 함께 잘 살 수 있기 때문입니다. 이스라엘 백성은 광야에서 그런 균등 분배의 신비를 체험하며 살았습니다. 그것은 만나 공동체가 광야에서 체험한 것 가운데 가장 신비스런 것이었습니다. 출애굽기는 그것을 다음과 같이 기록하고 있습니다.

> 이스라엘 자손이 그같이 하였더니 그 거둔 것이 많기도 하고 적기도 하나
> 오멜로 되어 본즉 많이 거둔 자도 남음이 없고 적게 거둔 자도 부족함이
> 없이 각 사람은 먹을 만큼만 거두었더라 ○ 출애굽기 16장 17-18절

이스라엘 백성은 매일 아침, 들판에 내린 만나를 거두는 것으로 하루 일과를 시작하였습니다. 하나님께서 거저 주신 만나를 먹기 위해 그들

은 거두는 노동만큼은 해야 했습니다. '거둠'은 살기 위한 기초 노동이었습니다. 그런데 사람의 능력에 따라 거둠의 결과에서 차이가 났습니다. 건강한 사람, 눈치 빠른 사람, 요령 있는 사람은 단시간에 많이 거둘 수 있었지만 병약자, 불구자는 그럴 수 없었습니다. 일당(日當)을 채우고도 남은 사람도 있었지만 턱없이 부족한 사람도 있었습니다. 능력급(能力給)을 우선시하는 자본주의 사회에서 이런 소득 격차는 당연한 것입니다.

그런데 이상한 일이 벌어졌습니다. 사람들이 거둔 것을 오멜로 되어본즉 "많이 거둔 자도 남음이 없고 적게 거둔 자도 부족함이 없이" 모두 '먹을 만큼'만 가지고 집으로 돌아갔습니다. 분명히 많이 거둔 자도 있고 적게 거둔 자도 있었는데 '되어 본즉' 모두 한 오멜, 그 이상도 그 이하도 아니었습니다. 어떻게 이런 일이 일어났을까요? 오멜로 되는 순간, 많이 거둔 자의 만나는 "푸석!" 줄어들고 적게 거둔 자의 만나는 "뻥!" 튀겨졌을까요? 그건 아닐 겁니다. 신비로운 현상을 기록한 이 본문에 뭔가 비밀스런 메시지가 담겨 있음이 틀림없습니다. 칼뱅의 주석을 찾아보았습니다. 그는《출애굽기 주석》에서 본문을 다음과 같이 풀이하였습니다.

본문에서 우리가 배워야 할 것은 첫째, 검소하고 부지런해야 한다는 것이다. 하나님께서는 우리에게 필요한 만큼 양식을 공급해 주신다. 하나님께서 은총으로 주시는 것을 우리는 근면함으로 거두어야 한다. 게으르거나 남을 속이지 말고 조용히 일하여 얻은 것을 먹어야 한다. 하나님의 은총이 아무리 풍성하다 해도 일하지 않은 사람은 그것을 얻을 수없다. 만나를 내려 주셨을 때도 그러했다. 거두지 않고는 먹을 수 없다.

검소와 근면을 바탕으로 한 노동의 신성한 의무, 이것은 막스 베버가 지적한 서구 자본주의의 발전에 결정적인 역할을 하게 된 칼뱅주의 원리입니다. 그렇다고 칼뱅이 소득과 소유를 무제한 용인한 것은 아닙니다. 그는 탐욕스런 소유욕을 경계하였습니다.

둘째, 얻은 것으로 만족해야 한다는 것이다. 모두가 먹을 만큼만 거두어야 한다. 한 끼 식사면 된다. 필요 이상으로 갖고 있는 것은 낭비만큼 악한 것이다. 아무리 많이 가진 자도, 아무리 적게 가진 자도 자기 몸을 위해 먹는 음식이나 옷이나 즐기는 행복에서는 매한가지다. 그래서 많이 거둔 자도 넘침이 없고 적게 거둔 자도 모자람이 없다고 하는 것이다. 각자 자기 노력으로 얻은 소득과 재물에 만족할 때 피차 이 세상 생활에서 위안받고 즐기는 것에는 큰 차이가 없다.

칼뱅은 많든 적든 얻은 바 소득에 만족하는 것을 행복의 척도로 삼았습니다. 소득이 많든 적든 자족하라는 말이지요. 자기 소유에 만족하는 사람이 느끼는 행복감은 물질의 많고 적음에 상관없이 동일하다는 것이 그의 설명입니다. 많이 거두었다고 모두 행복한 것은 아니며 적게 거두었다고 모두 불행한 것은 아니라는 말입니다. 생각하기 나름입니다. 언뜻 보면 가진 자들에게 더 유리한 해석 같기도 합니다. 그러나 칼뱅은 자본가들이 좋아하는 비축이나 저장을 경고하였습니다. 그는 저장을 믿음 없는 사람들의 불신행위로 보았습니다.

셋째, 베풀어 주시는 은총을 의지하는 것이다. 내일 아침까지는 아무도 나가선 안 된다. 천막 안에 떡 한 조각 없어도 내일이면 하나님께서 일용할 양식을 내려 주실 것이란 믿음으로 그저 조용히 잠자리에 들면 된다. 땅 위의 창고보다 하나님의 창고에 있는 것이 더 안전하고 확실하며 신선하고 맛있다. 마태복음 6장 25절을 읽어 보라. 이 세상에서 어떻게 살아갈지 자질구레한 걱정은 하지 마라. 저장하는 자들의 어리석음을 보라. 누군가(자신은 물질을 다루는 데 남보다 슬기롭고 재주가 많다고 여기면서 만나가 이튿날 내리지 않을지도 모른다며 대비하는 사람들)에 의해 저장된 만나는 부패하고 벌레가 생겨 결국 버리게 될 뿐이다. 기억하라. 탐욕과 불신으로 모아 둔 것은 모두 없어질 것이다. 야고보서 5장 2-3절에 나오는 썩은 재물이 바로 그것이다.

어리석은 부자의 썩은 재물은 광야 이스라엘 백성들이 비축해 두었다가 썩어 버린 만나와 같았습니다. 예수님께서 경고하신 바, 땅 위에 창고를 만들어 좀과 동록이 든 재물(마 6:19)을 쌓아 두거나 풍년 들어 잉여 곡식을 저장해 두려고 창고를 증축하는 어리석은 부자(눅 12:16-21)들입니다. 이렇게 칼뱅은 자본가의 탐욕을 경계하였습니다.

신비의 나눔 공동체

칼뱅의 주석을 읽으면서 그가 자본주의 원리만 지지한 것은 아니라는 사실에 안도하면서도 만나 공동체 안에서 일어난 균등 분배를 설명하기엔 뭔가 부족하다는 것을 느꼈습니다. 다시 한 번 성서를 읽어봅니다.

그 거둔 것이 많기도 하고 적기도 하나 오멜로 되어 본즉 많이 거둔 자도 남음이 없고 적게 거둔 자도 부족함이 없이 ○출애굽기 16장 17-18절

소득 격차가 분명했는데 분배는 균등하게 이루어졌습니다. 그리고 자세히 보니 소득 과정과 분배 과정 사이에 '오멜로 되어 보는' 측량 과정이 있음을 발견합니다. 결국 거둠(gathering)에서 측량(measuring)으로 넘어가는 과정에서 많이 거둔 자도 남음이 없고 적게 거둔 자도 부족함이 없는 기적 현상이 일어났습니다. 여기서 만나를 거둔 광야 사람들의 행태를 다음 세 가지로 상상해 봅니다.

첫째, 측량 과정을 거치지 않고 가져간다. "이건 내가 거둔 거니까 내꺼야" 하며 그대로 가져가는 사람들로, 이들이 집에 가서 먹다 남긴 만나는 썩어서 결국 버리게 된다. 그 순간 어느 누군가는 한 끼 식사도 못해 굶고 있을 것이다.

둘째, 측량 과정에서 내놓거나 받는다. 거둔 것을 집으로 가져가기 전모든 사람이 보는 앞에서 오멜로 되는 과정에서 한 오멜 이상 거둔 사람의 잉여물을 징발하여 적게 거둔 사람에게 줌으로 모두 균등하게 가져간다.

셋째, 측량 이전에 스스로 나눈다. 거둔 것을 갖고 돌아와 측량하기 위

해 줄을 서 있는 동안 앞뒤 사람들이 얼마나 거두었는지 살펴본다. 그리고 많이 거둔 사람이 적게 거둔 사람에게 자기가 거둔 것을 나눠 줌으로 자연스럽게 한 오멜씩 집으로 가져가게 된다.

첫 번째 경우는 시장경쟁을 강조하는 자본주의라 할 수 있습니다. "거둔 대로 가진다" 하면 생산성은 늘겠지만 소득 불균형과 빈부격차는 불가피합니다. 두 번째 경우는 국가(혹은 사회) 통제와 제도를 통한 균등 분배를 강조하는 과학적 사회주의(공산주의)라 하겠습니다. 모두 균등하게 배급을 받겠지만 강제성을 띠기 때문에 빼앗겼다는 불만과 일 안 해도 먹여 준다는 게으름을 피할 수 없습니다. 세 번째 경우는 바로 기독교 사회주의가 지향하는 것입니다. 탐욕에서 해방된 사람들이 자발적으로 나눌 때 균등 분배는 자연스럽게 이루어집니다. 만나 공동체 안에서 이루어진 균등 분배의 기적은 세 번째 경우에 해당한다고 봅니다. 이렇게 생각하는 사람들의 모임이지요.

> 만나는 본래 하나님의 것. 내가 한 것이라면 거두는 수고뿐. 어쩌다 많이 거두었는데 어차피 먹고 남은 것은 썩어 없어질 것. 그러니 한 끼 분량조차 채우지 못한 사람에게 나눠 주어 그도 살고 나도 살고, 이것이 만나를 주신 하나님의 뜻이 아닐른지.

만나 공동체의 기적 같은 균등 분배는 만나에 담긴 하나님의 신비(뜻)를 맛본 하나님의 자녀들이 얻은 물질을 즐거운 마음으로 함께 나누는

(sharing) 과정에서 이루어졌습니다. 그래서 만나 공동체는 나눔 공동체 (Koinonia community)가 되었습니다. 신비로운 은총은 나눔으로 깊이를 더해 갑니다. 소득 불균형과 부의 양극화로 갈등과 불만이 점증하고 있는 오늘 현실에서 기독교 사회주의가 꿈꾸는 은총의 세상입니다.

어린 시절 먹었던 만나

이 대목에서 20년 전 돌아가신 어머님에 대한 추억이 떠오릅니다. 어린 시절 우리 집은 참으로 가난했습니다. 마흔도 되기 전에 남편과 맏아들을 3년 사이에 먼저 하늘나라로 보낸 어머님은 행상을 하며 남은 우리 삼남매를 키우셨습니다. 주일 예배를 드린 어머님은 월요일만 되면 팔 물건을 머리에 이고 시골로 장사를 떠나셨다가 금요일 저녁이 되어서야 돌아오시는데, 황혼녘에 무거운 (돈 대신 받은) 곡식 자루를 머리에 이고 돌아오시는 어머님 모습이 지금도 눈에 선합니다. 교통비를 아끼시려 1백 리 산길을 걸어 다니셨던 분입니다.

어머님은 몸이 부서지도록 일을 하셨음에도 우리는 가난을 벗어나지 못했습니다. 돌아가신 아버님이 유일하게 남겨 주신 집 한 채도 어느 날 사기꾼의 농간으로 빼앗기고 우리는 셋방으로 내앉았습니다. 그 무렵 형님과 누님이 고등학교와 중학교에 입학하면서 교육비도 만만치 않았습니다. 어머님은 도저히 혼자 힘으로 우리를 키울 자신이 없으셨는지 어느 날 아침 우리를 앉혀 놓고 폭탄선언을 하셨습니다.

"오늘부터 너희는 내 자식이 아니야."

우린 모두 큰 충격을 받았습니다. 가족 해체 선언으로 들렸습니다. 우린 모두 고아원으로 가거나 남의 집 머슴이나 애보기로 가는 것으로 생각했습니다. 그러나 그런 건 아니었습니다.

"어제 저녁 예배당에 가서 철야 기도를 하면서 도저히 내 힘으로 너희 셋을 키울 수 없어 하나님께 바치기로 했다. 이제부터 너희는 하나님의 자식들이다. 하나님께서 너희를 길러 주실 것이고 너희가 어떻게 되든 모든 것을 하나님의 뜻에 맡기기로 했다."

과연 어머님은 그날 이후 '선언'에 따라 행동하셨습니다. "하나님의 자식인데 어찌 함부로 대하겠느냐?" 하시며 전보다 더 정성으로 우리를 먹이고 입히셨습니다. 물론 가정 살림이 더 나아진 것은 아닙니다. 우리는 여전히 가난했고 양식도 종종 떨어졌습니다. 하지만 그럴 때마다 어머님은 색다른 방법으로 문제를 해결해 나가셨습니다. 양식이 떨어지면 옆집에 쌀을 꾸러 가는 것이 아니라 예배당으로 가셨습니다.

"하나님, 당신 아이들이 먹을 게 없어 굶게 되었습니다. 어떻게 하실 겁니까?"

그러면 이튿날 새벽, 누가 가져다 놓았는지 알 수 없는 곡식 자루가 우리 집 부엌문 앞에 놓여 있었습니다. 등록금을 못내 학교에서 제적당할 처지가 되었을 때도 그랬습니다.

"하나님, 당신 아들이 등록금을 못내 학교엘 갈 수 없게 되었습니다. 어떻게 하실 겁니까?"

그러면 어디서 보냈는지 출처를 알 수 없는 돈 봉투가 우리 집에 배달

되었습니다. 어머님은 우리가 아플 때도 같은 방식으로 문제를 해결하셨습니다. 좌우간 문제만 터졌다 하면 어머님은 병원이나 약국, 혹은 옆집으로 가는 것이 아니라 예배당으로 가서 담판을 짓고 오시곤 했습니다. 그런 식으로 우리 삼남매는 누가 준 지도, 어디서 왔는지도 모르는 '만나'를 먹고 자랐습니다. 지금 와서 생각하니, 참으로 하나님을 향하여 담대하였던(요일 5:14) 어머님의 믿음도 믿음이지만, 그처럼 자신을 밝히지 않고 만나를 나눠 주었던 익명의 손길이 있었기에 우리는 가난했지만 만나 체질이 되어 여느 부잣집 아이들 부럽지 않게 행복할 수 있었습니다.

그런데 철이 들고 보니 그 시절 먹었던 만나는 다름 아닌 '사랑의 빚'이었습니다. 갚지 않으면 불안한 빚입니다. 그런데 그때 그 만나를 준 사람이 누군지 알아야 빚을 갚지요? 갚을 길 없는 빚을 갚는 방법은 따로 있었습니다.

내가 너희를 사랑한 것같이 너희도 서로 사랑하라 ○요한복음 13장 34절

주님께 사랑을 받았다고 생각하면 그 사랑을 이웃과 나누라는 말입니다. 수직적인(주님과 나 사이) 사랑을 수평적인(나와 이웃 사이) 사랑으로 바꾸라는 뜻이지요. 바울은 그것을 이렇게 표현했습니다.

여러분은 아무에게도 아무 빚도 지지 마십시오 단 사랑의 빚 외에는
○로마서 13장 8절

금전적인 빚은 사람을 비굴하게 만들지만 사랑의 빚은 사람을 행복하게 만듭니다. 조금 여유 있는 사람이 자기보다 못한 사람들에게 기꺼이 만나를 나눠 주는 사회, 그래서 사랑의 빚으로 서로 얽히고설켜 모두가 행복한 사회, 바로 기독교 사회주의가 그리는 세상입니다.

▷ 하나님을 향하여 담대하였던 어머니의 믿음 덕분에 누가 준 지도, 어디서 왔는지도 모르는 만나를 먹고 자랄 수 있었다. 사진은 어린 시절의 필자와 어머니 윤태신 권사.

5
_____

까치밥과
안식년 평화 공동체

농장도, 공장도 없던 광야에서 만나를 먹고 살았던 이스라엘 백성이 드디어 40년 광야생활을 마치고 요단강을 건너 젖과 꿀이 흐르는 가나안 땅으로 들어갔습니다. 광야와 달리 그곳엔 물도 풍부하고 농사지을 땅도 많았습니다. 이제부터 직접 농사를 지어 먹고 살아야 했습니다. 그리고 여리고 평지에서 수확한 첫 소산물을 먹은 다음 날 만나가 그쳤습니다(수 5:12). 이스라엘 백성은 그동안 '공짜로' 얻을 수 있었던 만나가 그친 것에 아쉬움도 컸지만 자기 노력의 대가로 추수한 곡식을 먹는 것도 감격스러웠습니다.

가나안 공동체의 평화 구현

그때부터 모든 게 바뀌었습니다. '만나' 중심의 광야문화에서 '소산물' 중심의 가나안문화로 바뀌었습니다. 사회·경제적 환경도 바뀌었습니다. "일하지 않으면 먹을 수 없는"(살후 3:8) 상황이었기에 게으른 사람은 살 수 없는 세상이 되었습니다. 그리고 개인의 능력에 따라 소득의 결과가 달라질 것은 당연했습니다. 세월이 흐르면서 공동체 안에 물질적 여유를 누리는 부유층과 궁핍한 빈곤층이 생겨났습니다. 자본주의 경쟁체제에서 필연적으로 나타나는 소득 격차와 경제적 불균형이었습니다. 그대로 방치하면 사회적 불안 요인으로 작용할 것이 뻔했습니다. 이런 상황을 예견한 듯 모세는 소외계층과 빈곤층에 대한 관심과 배려를 '하나님의 율법'으로 정리하여 일러 주었습니다. 몇 가지 예를 들어봅니다.

> 너는 이방 나그네를 압제하지 말며 그들을 학대하지 말라 너희도 애굽 땅에서 나그네였음이라 너는 과부나 고아를 해롭게 하지 말라 네가 만일 그들을 해롭게 하므로 그들이 내게 부르짖으면 내가 반드시 그 부르짖음을 들으리라 ○출애굽기 22장 21-23절

> 네가 만일 너와 함께한 내 백성 중에서 가난한 자에게 돈을 꾸어 주면 너는 그에게 채권자같이 하지 말며 이자를 받지 말 것이며 네가 만일 이웃의 옷을 전당 잡거든 해가 지기 전에 그에게 돌려보내라 그것이 유일한 옷이라 그것이 그의 알몸을 가릴 옷인즉 그가 무엇을 입고 자

겠느냐 그가 내게 부르짖으면 내가 들으리니 나는 자비로운 자임이니라

○출애굽기 22장 25-27절

너는 네 이웃을 억압하지 말며 착취하지 말며 품꾼의 삯을 아침까지 밤새도록 네게 두지 말며 너는 귀먹은 자를 저주하지 말며 맹인 앞에 장애물을 놓지 말고 네 하나님을 경외하라 나는 여호와이니라

○레위기 19장 13-14절

네 이웃에게 무엇을 꾸어줄 때에 너는 그의 집에 들어가서 전당물을 취하지 말고 너는 밖에 서 있고 네게 꾸는 자가 전당물을 밖으로 가지고 나와서 네게 줄 것이며 그가 가난한 자이면 너는 그의 전당물을 가지고 자지 말고 해 질 때에 그 전당물을 반드시 그에게 돌려줄 것이라 그리하면 그가 그 옷을 입고 자며 너를 위하여 축복하리니 그 일이 네 하나님 여호와 앞에서 네 공의로움이 되리라 ○신명기 24장 10-13절

곤궁하고 빈한한 품꾼은 너희 형제든지 네 땅 성문 안에 우거하는 객이든지 그를 학대하지 말며 그 품삯을 당일에 주고 해 진 후까지 미루지 말라 이는 그가 가난하므로 그 품삯을 간절히 바람이라 그가 너를 여호와께 호소하지 않게 하라 ○신명기 24장 14-15절

과부와 고아, 나그네, 품꾼, 장애인 등 경제적 자립 기반이 없거나 취약한 빈곤층을 학대하거나 착취하지 말라는 경고입니다. 요즘 식으로 표

현하면 동남아 출신 외국인 노동자들의 임금을 떼어먹거나 제때 지급하지 않고 동남아 골프 여행을 즐기는 악덕 기업주, 개발 정보를 미리 알고 개발 예상 지역의 가난한 농부들의 땅을 헐값에 사들여 막대한 시세 차익을 챙기는 부동산 투기꾼, 대기업의 탈법행위엔 관대하면서도 해고 노동자의 복직 투쟁엔 과잉 반응하는 공권력 같은 것이지요. 이런 사회적 부정과 부패가 남아 있는 한 사회 불안은 해소될 수 없습니다. 진정한 평화는 공동체 안에 공의가 구현될 때 비로소 이루어지기 때문입니다. 시인의 말대로 "인애와 진리가 같이 만나고 의와 화평이 서로 입을 맞출 때"(시 85:10) 건강한 공동체, 모두가 행복한 사회가 이루어집니다. 전도자의 말대로 "땅의 소산물은 모든 사람을 위하여 있나니"(전 5:9) 자기 땅에서 난 것이라 할지라도 독차지하지 않고 가난한 이웃과 나눌 때 이사야가 꿈꾸었던 평화 공동체는 이루어지겠지요.

그때에 이리가 어린 양과 함께 살며 표범이 어린 염소와 함께 누우며 송아지와 어린 사자와 살진 짐승이 함께 있어 어린아이에게 끌리며 암소와 곰이 함께 먹으며 그것들의 새끼가 함께 엎드리며 사자가 소처럼 풀을 먹을 것이며 젖 먹는 아이가 독사의 구멍에서 장난하며 젖 뗀 어린아이가 독사의 굴에 손을 넣을 것이라 내 거룩한 산 모든 곳에서 해 됨도 없고 상함도 없을 것이니 이는 물이 바다를 덮음같이 여호와를 아는 지식이 세상에 충만할 것임이니라 ○이사야 11장 6-9절

까치밥에 담긴 하나님 마음

예전에 까치밥이란 것이 있었지요. 가을날 시골에서 감을 딸 때, 주인은 감을 다 따지 않고 몇 알은 남겨 두어 까치 같은 새들의 겨울 양식으로 삼도록 배려한 것입니다. 그 시절 농부들은 그런 식으로 모든 과실나무의 열매를 따지 않고 남겨 놓았습니다. 어디 과실 나무뿐입니까? 고구마나 감자 밭, 배추나 무 밭도 그랬습니다. 그 시절, 아이들은 가을걷이가 끝난 밭에 들어가 주인이 의도하였든, 의도하지 않았든 남겨 둔 것을 캐는 재미에 해 가는 줄 몰랐습니다. 어떤 밭엔 아이들이 새까맣게 몰려들어 땅을 뒤지는데 어떤 밭은 아이들이 아예 거들떠보지도 않았지요. 아이들은 어떤 밭에 가야 캘 것이 있는지 정확하게 알고 있었습니다. 그것은 평소 밭주인의 마음 씀씀이를 봐서 터득한 삶의 지혜였습니다. 아무튼 그 어렵고 힘든 시절에 까치밥을 남겨 두었던 농부들 덕분에 가난한 사람들이 추운 겨울을 따뜻하게 날 수 있었습니다. 만나 같았던 까치밥이었습니다.

그러고 보면, 우리 조상들은 성서가 들어오기도 전에 '하나님의 말씀'을 알아서 실천한 셈입니다. 고아와 과부, 나그네와 이방인을 구박하지 말라고 했던 모세는 가나안 땅에 들어가 농부들에게 다음과 같이 지시했습니다.

너희가 너희의 땅에서 곡식을 거둘 때에 너는 밭모퉁이까지 다 거두지 말고 네 떨어진 이삭도 줍지 말며 네 포도원의 열매를 다 따지 말며 네 포도원에 떨어진 열매도 줍지 말고 가난한 사람과 거류민을 위하여 버려두라 나는 너희의 하나님 여호와이니라 ○레위기 19장 9-10절

너희 땅의 곡물을 벨 때에 밭모퉁이까지 다 베지 말며 떨어진 것을 줍지 말고 그것을 가난한 자와 거류민을 위하여 남겨 두라 나는 너희의 하나님 여호와이니라 ○레위기 23장 22절

네가 밭에서 곡식을 벨 때에 그 한 뭇을 밭에 잊어버렸거든 다시 가서 가져오지 말고 나그네와 고아와 과부를 위하여 남겨 두라 그리하면 네 하나님 여호와께서 네 손으로 하는 모든 일에 복을 내리시리라 네가 네 감람나무를 떤 후에 그 가지를 다시 살피지 말고 그 남은 것은 객과 고아와 과부를 위하여 남겨 두며 네가 네 포도원의 포도를 딴 후에 그 남은 것을 다시 따지 말고 객과 고아와 과부를 위하여 남겨 두라 ○신명기 24장 19-21절

자기가 수고해서 얻은 결실이니 추수해서 모두 자기 집에 들인대도 누가 뭐라 할 사람이 없겠습니다만, 하나님을 모신 사람으로 그렇게 해서는 안 된다는 말씀입니다. 광야에서 만나를 먹어본 경험이 있는 사람이라면 그렇게 야박하게 싹쓸이할 수 없습니다. 하나님의 양식(말씀)을 먹고 하나님의 마음, 즉 자비의 마음을 터득한 사람이라면 자기 밭이라 하더라도 굶주리는 이웃을 위해 까치밥을 남겨 두는 것이 당연하겠지요. 그런 너그러운 마음에서 사랑이 싹틉니다. 가난한 이웃을 즐겨 그렸던 밀레가 그린 명작, 〈만종〉이나 〈이삭 줍는 여인들〉은 그런 배경에서 나

온 것입니다.

다윗의 증조할머니 룻의 이야기도 마찬가지입니다. 기근 때문에 고향을 떠났다가 남편과 두 아들을 잃고 고향으로 돌아온 가난한 과부 나오미, 그런 시어머니를 따라 베들레헴까지 따라온 이방인 며느리 룻. 오갈데 없는 저들의 딱한 사정을 안 베들레헴의 거부 보아스는 하인들을 시켜 자기 밭에 낟알을 주우러 나온 룻 앞에 일부러 곡식 다발에서 조금씩 뽑아 버리도록 지시해 가난한 과부들의 식탁을 풍족하게 만들었습니다(룻 2:16-18). 그리고 마음이 넉넉했던 부자 보아스와 외로운 이방 여인 룻 사이에 추수 밭 사랑이 싹텄고 그 결과 다윗의 할아버지 오벳이 태어났습니다. 자비는 하나님의 마음입니다. 기독교 사회주의는 이런 넉넉한 하나님의 마음을 소유한 자들이 만들어가는 세상입니다.

안식, 욕심으로부터 해방

이처럼 모세는 이스라엘 백성에게 사회적 소외계층이나 경제적 빈곤층을 구박하거나 착취하지 말고 나눔으로 더불어 함께 잘 사는 세상을 만들어가라고 부탁하였습니다. 그런데 그것이 쉽지 않았습니다. 부자는 여전히 부자고, 가난한 자는 언제나 가난했습니다. 인간 사회에 완전한 평등과 평화는 불가능한 것일까요? 문제는 인간 본성 밑바닥에서 원죄처럼 작용하는 욕심입니다. 적당한 욕심은 생산성을 높여 주지만 지나친 욕심은 파멸을 가져옵니다. 생산욕에 소유욕까지 겹치면 생산 기반과 시설을 독점하고 생산의 동반자가 되어야 할 이웃을 생산의 수단으로 여겨 사람이 사람을 소유하고 다스리게 됩니다. 그런 사회에서 인간은 정신적 가치보다는 생산능력에 따라 평가됩니다. 그걸 비인간화라 합니다.

결국 건강한 사회를 유지하려면 생산욕이든, 소유욕이든 그것이 걷잡을 수 없는 탐욕으로 나아가지 않도록 견제하고 통제할 수 있는 제어장치가 필요합니다. 그리고 소유는 생산과 밀접한 관계를 맺고 있기에 생산욕부터 다스릴 필요가 있습니다. 그런 맥락에서 나온 것이 안식일 제도입니다. 모세 율법에서 안식일 규정은 참으로 중요합니다.

> 안식일을 기억하여 거룩하게 지키라 엿새 동안은 힘써 네 모든 일을 행할 것이나 일곱째 날은 네 하나님 여호와의 안식일인즉 너나 네 아들이나 네 딸이나 네 남종이나 네 여종이나 네 가축이나 네 문안에 머무는 객이라도 아무 일도 하지 말라 이는 엿새 동안에 나 여호와가 하늘과 땅과 바다와 그 가운데 모든 것을 만들고 일곱째 날에 쉬었음이라 그러므로 나 여호와가 안식일을 복되게 하여 그 날을 거룩하게 하였느니라
>
> ○출애굽기 20장 8-11절

> 너희는 안식일을 지킬지니 이는 너희에게 거룩한 날이 됨이니라 그 날을 더럽히는 자는 모두 죽일지며 그 날에 일하는 자는 모두 그 백성 중에서 그 생명이 끊어지리라 엿새 동안은 일할 것이나 일곱째 날은 큰 안식일이니 여호와께 거룩한 것이라 안식일에 일하는 자는 누구든지 반드시 죽일지니라 ○출애굽기 31장 14-15절

사형까지 언급하면서 안식일 규정을 이처럼 엄격하게 요구한 이유는 무엇일까요? 여기서 안식으로 번역된 히브리어 '샤밧'(shabbath)의 본래 뜻은 '손을 떼다', '멈추다', '떠나다' 등입니다. '쉰다'는 뜻도 있습니다. 결국 안식은 하던 일에서 손을 떼는 것, 즉 생산 활동을 멈추는 것을 의미합니다. 하나님께서 창조 행위를 멈추신 날이므로 인간도 그날엔 생산 활동을 멈추어야 합니다. 그날만큼은 생산 의욕도 버리라는 말입니다. 인간을 생산의 도구로 전락시키는 생산욕으로부터 해방, 이것이 안식일 규정에 담긴 하나님의 인간 사랑이었습니다.

모세 율법은 이런 안식일 규정을 생산 기반인 땅에도 적용하였습니다. 사람처럼 땅도 쉬도록 하라는 것입니다. 안식년 규정이 그것입니다.

> 너희는 내가 너희에게 주는 땅에 들어간 후에 그 땅으로 여호와 앞에 안식하게 하라 너는 육 년 동안 그 밭에 파종하며 육 년 동안 그 포도원을 가꾸어 그 소출을 거둘 것이나 일곱째 해에는 그 땅이 쉬어 안식하게 할지니 여호와께 대한 안식이라 너는 그 밭에 파종하거나 포도원을 가꾸지 말며 네가 거둔 후에 자라난 것을 거두지 말고 가꾸지 아니한 포도나무가 맺은 열매를 거두지 말라 이는 땅의 안식년임이니라 안식년의 소출은 너희가 먹을 것이니 너와 네 남종과 네 여종과 네 품꾼과 너와 함께 거류하는 자들과 네 가축과 네 땅에 있는 들짐승들이 다 그 소출로 먹을 것을 삼을지니라 ○ 레위기 25장 2-7절

7년마다 돌아오는 휴경기에 자연적으로 땅에서 나는 안식년의 소출

은 땅 주인만 먹는 것이 아니라 주인 가족과 몸종, 거류민과 품꾼, 가축과 들짐승이 함께 먹어야 합니다. 이처럼 안식년 1년 동안 사람도 쉬고, 땅도 쉬고, 그러면서 생긴 양식을 신분과 처지가 다른 사람들이 함께 나눕니다. 자기 수고로 얻은 것이 아니니 소유욕도 없을 것이고 모두 같은 음식이니 남의 것을 탐낼 이유도 없습니다. 이처럼 생산욕과 소유욕에서 해방된 사람들이 함께 나누는 안식년 음식에 평화가 깃들 것은 당연합니다.

안식년, 자유와 해방의 기쁨

안식년 규정은 땅과 경작 문제에 그치지 않습니다. 안식년은 빚을 탕감받는 해였습니다.

> 매 칠 년 끝에는 면제하라 면제의 규례는 이러하니라 그의 이웃에게 꾸어 준 모든 채주는 그것을 면제하고 그의 이웃에게나 그 형제에게 독촉하지 말지니 이는 여호와를 위하여 면제를 선포하였음이라 ○ 신명기 15장 1-2절

빚은 굴레입니다. 채무자는 빌린 돈을 갚기까지 채권자에게 매인 존재가 됩니다. 그러므로 안식년에 빚을 탕감해 주라는 말은 굴레에서 풀어 주라는 말입니다. 실제로 성서 본문에 면제로 번역된 히브리어 '쉐밋타'(shemitta)라는 말은 풀어 주다는 의미를 담고 있습니다. 돈을 갚아 주

는 것보다 사람을 풀어 주는 것이 소중합니다. 또한 신약성서에서 빚으로 번역되는 헬라어 '오페일레마'(opheilema)는 '당연한 의무'라는 뜻을 담고 있습니다. 당연히 해야 할 일을 하지 못한 사람, 마땅히 갚아야 할 것을 갚지 못한 사람을 '오페일레마타'(opheilemata)라 하는데, 빚진 자란 뜻이지만 죄 지은 자로 번역되기도 합니다. 바로 주님의 기도에 나오는 "우리가 우리에게 죄 지은 자를 사하여 준 것같이 우리 죄를 사하여 주시옵고"(마 6:12)라는 대목에서처럼 말입니다. 여기서 죄 지은 자로 번역된 단어가 바로 '오페일레마타'입니다. 따라서 이 구절을 직역하면 "우리가 우리에게 빚진 자들을 탕감해 주었으니 우리가 지은 빚을 탕감해 주시옵고"입니다.

무서운 기도입니다. 빚을 탕감해 주지 않고서는 드릴 수 없는 기도입니다. 사람 사이에 채권-채무 관계를 먼저 해결하고 하나님께 간구하라는 뜻입니다. 예수님은 우리가 하나님께 예물을 드리는 도중이라도 형제와 풀어야 할 것이 생각나거든 예물을 그대로 두고 '먼저 가서' 형제와 화해하고 와서 예물을 드리라고 말씀하십니다(마 5:23-24). 같은 맥락에서 "무엇이든지 땅에서 매면 하늘에서도 매일 것이요 무엇이든지 땅에서 풀면 하늘에서도 풀리리라"(마 18:18) 하신 예수님은 "너희 중의 두 사람이 땅에서 합심하여 무엇이든지 구하면 하늘에 계신 내 아버지께서 그들을 위하여 이루게 하시리라"(마 18:19) 하셨습니다. 빚 문제를 해결하지 못한 채 채권자와 채무자가 '합심 기도'를 할 수는 없습니다. 빚을 탕감해 줘야 비로소 '합심'이 가능합니다. 이런 말씀 끝에 예수님이 제자들에게 1만 달란트 빚을 탕감받고도 1백 데나리온 빚을 탕감해 주지 않은 악한 종의 비유(마 18:21-35)를 들려 주신 이유도 알 만합니다. 하늘 은총을 받기 위해서라도 먼저 땅의 매듭을 풀면서 살아야 하겠습니다. 그것이 '풀어 주라'는 안식년 정신입니다.

자유와 해방으로 나타나는 안식년 정신은 다음과 같은 율법 규정에서도 확인됩니다.

> 네 동족 히브리 남자나 히브리 여자가 네게 팔렸다 하자 만일 여섯 해 동안 너를 섬겼거든 일곱째 해에 너는 그를 놓아 자유롭게 할 것이요 그를 놓아 자유하게 할 때에는 빈손으로 가게 하지 말고 네 양 무리 중에서와 타작마당에서와 포도주 틀에서 그에게 후히 줄지니 곧 네 하나님 여호와께서 네게 복을 주신 대로 그에게 줄지니라 ○ 신명기 15장 12-14절

빚을 갚지 못해 남의 집 종살이를 하던 노예도 기한(안식년)만 되면 무조건 풀어 주어야 합니다. 빚을 못 갚았어도 말입니다. 그것이 자본주의 세상에서는 통할 수 없는 하나님의 질서입니다. 그런 질서 안에 살다 보면 영원한 주인도, 영원한 노예도 없음을 알게 될 것입니다. 인간지사 새옹지마라고, 어떻게 바뀔지 모르는 것이 인간 운명입니다. 재물이 영원할 것으로 착각하고 그것에 집착하다 사람을 구속하거나 잃어버리지 말고 그 재물로 어려운 이웃을 도와, 함께 나누며 즐겁게 살라는 말씀입니다.

> 땅에는 언제든지 가난한 자가 그치지 아니하겠으므로 내가 네게 명령하여 이르노니 너는 반드시 네 땅 안에 네 형제 중 곤란한 자와 궁핍한 자에

게 네 손을 펼지니라 ○ 신명기 15장 11절

경주 최 부자의 재물 관리법

재물도 다루는 법을 아는 사람 손에 있을 때 모두가 행복해집니다. 돈도 잘 벌지만 번 돈을 잘 쓸 줄 아는 마음 넉넉한 부자가 그립습니다. 부자가 3대를 넘기기 어렵다는데, 조선 후기 3백 년 동안 12대에 걸쳐 갑부 소리를 들으면서도 주변 사람들에게 손가락질 한 번 당하지 않았던 경주 최 부자 집안에 대대로 내려오는 가훈입니다.

- 과거는 보되, 진사(進士) 이상은 하지 마라(재물과 권력을 함께 추구하면 망한다).
- 재산은 1만 석 이상을 지니지 마라(정도 이상의 재물을 탐하지 마라).
- 과객을 후하게 대접하라(인심 사나운 동네라는 소문이 나지 않게 하라).
- 흉년 들었을 때는 땅을 사지 마라(남의 눈에 피눈물 내면서 재산을 모으지 마라).
- 시집온 며느리들은 3년 동안 무명옷을 입어라(남에게 위화감을 주는 행동을 삼가라).
- 사방 백 리 안에 굶어죽는 사람이 없게 하라(동네 극빈자는 그 마을의 수치다).

경주 최 부자 집안의 시조이자 임진왜란과 정유재란, 병자호란 때 의병을 일으켜 외적과 싸운 최진립의 셋째 아들 최동량은 집안을 크게 일으켰는데, 형산강 상류의 개울가에 둑을 쌓아 조성한 농토에 소작인과 소출을 반반씩 나누는 병작제를 실시하였답니다. 소작인이나 노비들이 자기 일처럼 농사일에 참여한 것은 당연한 일이겠지요. 최 부자 집안에서는 노비들도 제사를 지내 주었는데, 조선 후기 그 많은 민란에도, 그리고 동학농민이 일어나 주변 양반집들이 털렸을 때도 최씨 집안만은 아무런 화를 당하지 않았답니다. 평소 베풂과 나눔으로 얻은 인심 때문이지요. 최 부자 집안사람들은 일제강점기 상하이 임시정부에 독립운동 자금을 보냈고 해방 후에는 인재 양성을 위해 계림대학(오늘의 영남대학교)을 설립하면서 전 재산을 처분하여 지금은 평범한 보통 시민으로 살아가고 있습니다.

이처럼 최씨 집안사람들이 '노블리스 오블리제'의 본을 보일 수 있었던 것은 언젠가 노스님 한 분이 하룻밤을 지내고 가면서 남긴 한 마디 말 때문이었답니다.

"재물은 똥거름과 같은 것이어서 한 곳에 모아 두면 악취가 나서 견딜 수 없지만 골고루 사방에 흩뿌리면 거름이 되는 법이니라."

이는 모세가 가나안 땅에 들어가 살아갈 후손들에게 준 유언의 말씀과 다를 바 없습니다.

네 하나님 여호와께서 네게 주신 땅 어느 성읍에서든지 가난한 형제가 너와 함께 거주하거든 그 가난한 형제에게 네 마음을 완악하게 하지 말며 네 손을 움켜쥐지 말고 반드시 네 손을 그에게 펴서 그에게 필요한 대로 쓸 것을 넉넉하게 꾸어 주라 ○신명기 15장 7-8절

우리 사는 세상이 지금보다 살 만하고 평화롭게 되려면 아무래도 손을 움켜쥔 부자보다 손을 편 부자가 좀더 많이 나와야 하겠습니다.

©민중의소리

▷ 농부들은 감을 다 따지 않고 몇 알을 새들의 겨울 양식으로 남겨 두었다. 까치밥을 남겨 두는 농
부들의 마음 덕에 힘들던 시절, 가난한 사람들이 추운 겨울을 따뜻하게 날 수 있었다.

6

땅따먹기와
희년 공동체

2008년 2월 서울 강남 지역에 있는 어느 교회에서 예배를 마치고 나오는데 건너편 빌딩에 내걸린 대형 걸개그림이 눈에 들어왔습니다. 국회의원 선거에 출마한 어느 여당 후보자가 내건 것인데 새로 취임한 대통령과 손을 잡고 서 있는 후보자의 모습 아래 다음과 같은 글귀가 큼지막하게 쓰여 있었습니다.

"안심하십시오. 이제 세금폭탄은 없습니다."

'세금폭탄'이란 표현에서 강남 사람들이 그동안 '좌파 정권'이라 불렀던 지난 정부의 세금 정책에 대한 불만이 어느 정도인지 쉽게 짐작할 수 있었습니다. 아마 그것은 2005년부터 실시한 종합부동산세 때문일 것입니다. 그동안 모든 부동산 소유자들은 지방 자치단체에서 부과하는 비교적 낮은 세율(0.15%~0.5%)의 재산세를 냈는데 바뀐 법에 의해 일정 금액 이상의 부동산 소유자(공시가격 9억 원 이상의 주택 소유자, 공시지가 6억 원 이상의 나대지 소유자, 공시지가 40억 원 이상 사업용 부속 토지 소유자)들은 재산세 외에 비교적 높은 세율(0.6~4%)의 부동산세를 내야만 했습니다. 일 년에 두 번에 걸쳐 높은 세율의 세금을 내야 했으니 폭탄이란 단어를 쓸 만도 했습니다.

'세금폭탄'이 두려운 사람들

당시 정부에서는 종합부동산세를 실시하면서 그 이유를 부동산 가격 안정이라고 하였지만 이면에는 소외계층 복지 정책 수행에 필요한 재원 마련에 더 큰 비중을 두고 있었습니다. 이는 국세청 홈페이지에 실린 종합부동산세 안내창 홍보 문안에서 확인할 수 있습니다.

선택된 소수가 납부하는 '아름다운 되돌림.' 종합부동산세 납세의무는 아무나 가질 수 없는 대한민국 1퍼센트의 고귀한 의무입니다. 지역균형 발전을 이루는 값진 의무이며 보다 풍요로운 세상을 만드는 나눔의 실천으로, 자긍심의 또 다른 이름입니다.……'노블리스 오블리제'는 유럽 사회의 상류층 의식과 행동을 지탱해 온 정신적인 뿌리입니다. 건전한 납부 의식에서 출발하는 현대적인 노블리스 오블리제는 더불어 살아 가는 사회에서 보다 많이 가진 분들이 누리는 삶의 질에 보답하여 사회유지비용을 세금 형식으로 사회에 환원하는 아름다운 되돌림입니다.

'노블리스 오블리제'의 자긍심, '아름다운 되돌림' 등으로 표현하였지만 실제 내용은 땅을 많이 가진 부자들로부터 세금을 거둬 사회적 소외계층을 돕겠다는 것으로, 이는 분명 '사회주의적'인 발상이고 정책이었습니다. 세월이 흘렀어도 한국전쟁에 대한 '끔찍한 기억'을 지울 수 없는 보수 우익 진영에서 볼 때 이처럼 사회주의적 정책을 추진하는 정부는 당연히 좌파 정권이고 그래서 타도 대상일 수밖에 없었을 것입니다. 그리고 2007년 대선은 "경제를 살리겠다"는 표어를 내건 우파의 승리로 끝났습니다. 강남의 부유층 신도들이 많이 다니는 교회 출신 '장로 대통령'은 '능력 있는' 인사들로 내각을 구성하다 보니 역대 어느 정부보다 많은 '부자' 장관들을 발탁하였는데 후보자 몇 명은 너무 많은 부동산을 갖고 있어 부동산 투기 혐의로 결국 청문회를 열기도 전에 사퇴하고 말았습니다.

물론 "돈 많은 것이 무슨 죄냐?", "능력이 있으니 부자 된 것이 아니냐?", "능력 있는 사람들이 나라 살림을 맡아야 경제가 살아나는 것 아니냐?" 할 수 있습니다. 하지만 이 말에 흔쾌히 동의하기 어려운 것은 그동안 한국의 부자, 특히 땅 부자들이 부를 축적하는 과정에서 보여 준 비윤리적이고 비양심적인 탈법과 불법 행위 때문일 것입니다. 그래서 여당 후보가 내건 "안심하십시오. 이제 세금폭탄은 없습니다"라는 걸개그림 표어가 자칫 부자에게는 관대하지만 빈곤계층엔 까다로운 자본주의 무한 경쟁 시대의 도래를 의미하는 것은 아닌지 걱정이 됩니다. 우리나라 사유재산의 50퍼센트 이상을 차지하고 있는 1퍼센트 부자들이 자기 소유의 0.1퍼센트만이라도 자발적으로 사회균형발전기금으로 내놓는다면 그것이야말로 노블리스 오블리제, 건강하고 성숙한 사회에서 나타나는 아름다운 되돌림일 것입니다.

　그런데 세금폭탄이란 오명을 쓰게 된 종합부동산세는 그 밑바탕에 가진 자가 좀더 많은 세금을 내서 없는 자들을 돕자는 사회복지 개념과 함께, "토지는 공공의 이익을 위해 소유하고 관리해야 한다"는 '토지공개념'이 깔려 있습니다. 우리나라 정부가 이런 토지공개념을 바탕으로 부동산 문제에 관심을 갖기 시작한 것은 박정희 정권 말기인 1976년부터였지만 구체적인 법 제정으로 나타난 것은 노태우 정권 시절인 1989년으로, 소위 토지공개념 3대 법으로 불리는 택지소유상한법, 개발이익환수법, 토지초과이득세법이 제정되었습니다. 그러나 이 법들은 모두 5년 만에 헌법재판소에서 위헌 판결을 받아 폐지되고 말았습니다. 이런 법들이 자본주의 기본 원리인 시장의 자율경쟁과 사유재산권을 침해할 수 있다는 이유였습니다. 이는 곧 토지공개념의 퇴진을 의미하였습니다. 그리고 2005년 제정된 종합부동산세법은 소멸되었던 토지공개념의 부활을 의미하였지만 2011년 법 개정을 통해 그 취지는 약화되었습니다.

토지공개념의 성서적 근거

　토지공개념이란 "토지는 모든 사람의 삶의 터전이기 때문에 일반 물자에 비해 공공성이 높다고 보고 이런 공공성을 바탕으로 하여 토지를 소유하거나 관리해야 한다"는 입장입니다. 그러나 토지의 공공성을 강조한다고 해서 토지의 개인 소유를 허용하지 않거나 모든 토지를 국가가 소유하고 관리하자는 것은 아닙니다. 생산성 증대를 위한 개인의 토지 소유와 관리를 허용하되 그것은 공공의 이익을 위한 것이어야지 개인적인 부의 축적을 위한 것이 되어서는 안 된다는 것입니다. 따라서 남보다 많은 토지를 소유하였거나 토지 개발로 막대한 이익을 얻은 소유주는 수익의 상당 부분을 토지세로 내서 사회복지 기금으로 활용하자는 제도입니다.

기독교 사회주의는 이런 토지공개념을 지지합니다. 그것은 토지공개념이 사회주의적일 뿐 아니라 성서적이고 신앙적이기 때문입니다. 근대적 의미에서 토지공개념을 처음으로 제시한 미국의 경제사상가 헨리 조지(Henry George)에게서 이를 확인할 수 있습니다. 독실한 복음주의 개신교도 집안에서 출생하여 가난 때문에 어려서부터 노동현장을 전전해야 했던 조지는 성인이 된 후 샌프란시스코 신문사 식자공으로 출발하여 기자를 거쳐 경영인까지 이르렀던 입지전적인 인물입니다. 그는 신문 기자 시절부터 빈곤 문제에 관심을 갖고 글을 썼는데 "자본주의 경제 발전으로 물질적 풍요를 즐기는 부유층은 늘어 가는데 빈곤층은 어째서 줄어들지 않는가?"라는 질문에 답을 찾기 위해 노력하였고, 결국 부의 편중이 토지 문제와 밀접한 관련을 맺고 있음을 깨닫게 되었습니다.

19세기 말 미국은 산업화 과정에서 인구의 도시 집중화가 진행되면서 땅을 팔고 도시로 올라온 농부들이 도시 빈민층으로 전락한 반면 이들로부터 헐값에 땅을 사들인 지주들은 급속한 지가(地價) 상승으로 막대한 수익을 올리고 있었습니다. 그런 맥락에서 조지는 그때까지 생소했던 '토지세' 도입을 주장했습니다. 그는 토지의 가치를 자연 가치와 개발 가치, 둘로 나누고 경제 활동을 위해 개발하는 땅에는 세금을 부과하지 않는 대신 개발하지 않은 땅에 세금을 물리자고 했습니다. 개발 가치는 투자와 노동으로 사회에 환원되지만 개발하지 않은 땅의 가치는 고스란히 지주 개인의 소득이 됩니다. 투자나 노동보다 토지 소유로 얻은 소득이 더 많다면 그것은 부자에게만 유리한 사회 부조리가 됩니다. 그래서 불로소득의 근원이 되는 (미개발) 토지 소유자들에게 높은 세율(조지는 10퍼센트를 주장했다)의 세금을 매겨 빈곤 문제를 해결하자고 한 것입니다.

이런 조지의 개혁적 사상을 담은 《진보와 빈곤》은 출간 즉시 3백만 부 이상이 팔려 나갔고 그 결과 그는 소설가 마크 트웨인, 발명가 토머스 에디슨과 함께 미국의 3대 유명인사로 꼽혔습니다. 그의 주장과 사상에 공감하여 영향을 받은 지식인과 신학자, 정치인들도 많았는데 사회복음주의 신학자 월터 라우셴부쉬와 흑인 인권운동가 마틴 루터 킹 목사를 비롯하여 러시아 사상가 톨스토이, 영국 정치사상가 버나드 쇼, 중국 정치인 손문, 영국 수상 데이비드 로이드 조지 등이 대표적입니다. 후세 경제학자들은 조지의 토지세 이론을 생태학적 세제 개혁이라 불렀습니다.

이처럼 토지 소유 및 개발이 소득 불균형과 밀접한 관련을 맺고 있음을 인식한 조지는 토지제도를 개혁함으로 빈곤 문제를 해결할 수 있다고 보았습니다. 그러면서 조지는 그 이론적 근거를 인류 고대사회와 성서 전통에서 찾았습니다. 《진보와 빈곤》에 나오는 내용입니다.

> 아시아나 유럽, 아프리카, 심지어 폴리네시아에서도 인류 사회의 고대 역사를 보면 토지는 인간 생활과 밀접한 관계를 맺고 있는 아주 중요한 요소로 간주될 뿐 아니라 공동 소유물로 여겨 그 땅에 사는 모든 사람들

이 토지에 관하여 동등한 권리를 향유하고 있었음을 알 수 있다. 다시 말하면, 공동체 구성원들은 신분을 떠나 토지 소유와 이용에서 모두 동등한 권리를 지녔다는 말이다. 그러나 토지에 대한 공동 권리를 인정하였다고 해서 노동의 대가로 얻은 결과물에 대한 당사자의 특별한 권리까지 배제한 것은 아니다. 또한 소득을 증대시키기 위해 토지를 일정 부분 독점 수용하여 개발하고 그 노력의 대가로 얻어진 결과를 향유하는 권리조차 부정한 것은 아니다. 이런 목적에서 토지를 이용할 경우에 한해 개인이든 가족 단위, 혹은 가족 연합 단위로 토지를 나눠 주었지만 목초지나 숲, 농지 같은 것은 공동 소유로 삼아 사회 구성원들이 똑같은 권리를 갖고 관리하였는데, 고대 튜턴 부족처럼 주기적으로 토지를 재분배하기도 하였고 모세의 율법 규정처럼 토지 양도를 금하기도 하였다.

위 글에 나오는 주기적인 토지 재분배도 그렇지만 특히 토지 양도 금지 조항은 성결법전이라 불리는 레위기에 나오는 것입니다.

토지를 영구히 팔지 말 것은 토지는 다 내 것임이니라 ○ 레위기 25장 23절

토지의 소유권은 하나님께 있고 인간은 그 관리권만 갖고 있다는 말입니다. 조지는 '하나님 소유'라는 성서적 표현을 '공동 소유'라는 사회주의적 표현으로 바꾸었을 뿐입니다. 그는 《진보와 빈곤》에서 "토지는 공동 소유가 되어야 한다"라고 힘주어 강조했습니다. 이러한 천부성과 공공성이 토지공개념의 기초가 된 것은 물론입니다.

희년, 원상회복의 은총

"토지는 하나님의 것이다." 토지공개념의 종교적 근거가 된 이 말씀은 앞서 살펴본 대로 레위기 25장에 나오는 희년 규례에 속한 것입니다. 희년 규례는 이렇습니다.

> 너는 일곱 안식년을 계수할지니 이는 칠 년이 일곱 번인즉 안식년 일곱 번 동안 곧 사십구 년이라 일곱째 달 열흘날은 속죄일이니 너는 뿔 나팔 소리를 내되 전국에서 뿔 나팔을 크게 불지며 너희는 오십 년째 해를 거룩하게 하여 그 땅에 있는 모든 주민을 위하여 자유를 공포하라 이 해는 너희에게 희년이니 너희는 각각 자기의 소유지로 돌아가며 각각 자기의 가족에게로 돌아갈지며 그 오십 년째 해는 너희의 희년이니 너희는 파종하지 말며 스스로 난 것을 거두지 말며 가꾸지 아니한 포도를 거두지 말라 이는 희년이니 너희에게 거룩함이니라 ○ 레위기 25장 8-12절

한글 성서에서 희년으로 번역된 히브리어 '요벨'(jobel)은 뿔 나팔, 즉 숫양의 뿔로 만든 나팔을 의미하였습니다. 놋으로 만든 나팔이란 뜻의 유발(jubal)에서 어원을 찾기도 합니다(창 4:21). 어떤 경우든 안식년(제7년)을 일곱 번 지내고 난 다음 해, 즉 50년째 되는 해 대속죄일(7월 10일)에 레위인들이 뿔 나팔을 부는 것을 신호로 희년은 시작됩니다. 희년에는 안식년처럼 경작하지 않은 것은 물론, 경제적인 이유로 자기 땅을 팔고 남의 집에 가서 종살이하던 사람들도 땅을 되찾고 가족들과 합류하였으

니 얼마나 기쁘고 행복하겠습니까? 그래서 한글 성서에서 '기쁠' 희(禧)
자를 써서 희년(禧年)이라 한 것입니다.

희년의 기본 정신은 "땅과 사람을 본래 상태로 되돌려 놓는다"는 원
상복귀라 하겠습니다. 그러면 회복되어야 할 '원상'은 어떤 것일까요? 이
스라엘 백성은 가나안을 점령한 후, 모세의 율법에 따라 각 지파별로 토
지를 분배했습니다. 각 지파별 인구를 조사하여 인구 비율로 제비를 뽑
아 토지를 할당하고 지파에 할당된 토지를 다시 가족 단위로 나누어 분
배했습니다(민 33:54). 그러면서 토지 분배에서 제외되는 사람이 없도록
주의를 기울였습니다. 아들이 없으면 딸에게 땅을 나눠 주었으며(민 27:8)
다른 집안으로 시집간 여인들에게까지 분배하였습니다(민 36장). 이런 식
으로 분배한 결과 지파와 종족에 관계없이 1인당 소유 토지는 거의 같았
습니다. 균등 분배가 이루어진 것입니다. 그리고 그렇게 분배된 땅의 경
계에는 돌이나 나무로 지계표(地界標)를 세워 영역을 표시하였습니다. 바
로 이것이 하나님께서 정하신 토지의 원상이었습니다. 그래서 지계표 훼
손은 하나님이 정하신 질서와 경계를 허무는 '불경스런' 행위였습니다.

그의 이웃의 경계표를 옮기는 자는 저주를 받을 것이라 할 것이요 모든 백
성은 아멘 할지니라 ○ 신명기 27장 17절

네 선조가 세운 옛 지계석을 옮기지 말지니라 ○ 잠언 22장 28절

옛 지계석을 옮기지 말며 고아들의 밭을 침범하지 말지어다 ○ 잠언 23장 10절

지계표를 옮기거나 경계선을 넘지 말고(남의 땅을 침범하지 말고) 자기 땅 안에서 경제활동에 매진하라는 말입니다. 그런데 사람의 능력이 천차만별이잖습니까? 그렇다 보니 땅을 효과적으로 경영하는 사람도 있지만 그렇지 못한 사람도 있었습니다. 천재지변으로 노동력을 상실한 가족도 생겼습니다. 먹고살기 위해 부득이 땅을 팔아야 할 때도 있습니다. 율법은 그런 경우에 한해 토지 매매를 허용하였습니다. 그러나 그렇게 판 땅이라도 능력만 있으면 언제든 되찾을 수 있으며 본인이 아니더라도 다른 형제가 대신 갚아 줄 수도 있습니다. 그런 능력이 없거나 주변에 도와줄 형제가 없더라도 희년만 되면 땅을 되찾을 수 있었습니다.

> 만일 네 형제가 가난하여 그의 기업 중에서 얼마를 팔았으면 그에게 가까운 기업 무를 자가 와서 그의 형제가 판 것을 무를 것이요 만일 그것을 무를 사람이 없고 자기가 부유하게 되어 무를 힘이 있으면 그 판 해를 계수하여 그 남은 값을 산 자에게 주고 자기의 소유지로 돌릴 것이니라 그러나 자기가 무를 힘이 없으면 그 판 것이 희년에 이르기까지 산 자의 손에 있다가 희년에 이르러 돌아올지니 그것이 곧 그의 기업으로 돌아갈 것이니라 ○레위기 25장 25-28절

여기서 땅값의 산정 기준이 나옵니다. 즉 희년까지 몇 년 남았는지가 땅값을 결정합니다. 희년까지 많이 남았으면 땅값은 높아지고 반대면 낮아집니다(레 25:15-16). 토지의 넓이나 환경, 생산성보다 희년이 토지 가격과 유통의 기준이 됩니다. 그 결과 땅을 파는 사람도 절망적이지 않은 것

이, 능력만 있으면 언제든 무를 수 있으며 그렇지 못하더라도 희년만 되면 땅을 되찾을 수 있기 때문입니다. 땅을 산 사람도 교만하지 않을 것은, 어차피 희년이 되면 본래 주인에게 돌려주어야 할 것이기에 정도 이상의 땅을 얻고자 욕심부리지 않기 때문입니다. 부동산 투기나 상속은 생각지도 못할 일입니다. 그러므로 남의 토지를 사는 것은 농사를 지을 수 없는 가난한 이웃을 대신해서 (희년까지) 토지를 관리하는 자선 행위라 할 수 있습니다. 결국 "가난한 자에겐 희망을, 부요한 자에겐 나눔을." 이것이 진정한 의미의 희년 정신이겠지요.

레위기 희년 규례에 대한 존 웨슬리의 주석을 읽어봅니다.

첫째, 이스라엘 백성이 깨달아야 할 것은 오직 하나님만이 그들과 그들이 사는 땅의 주인이시며 소유자이시고 그들은 단지 임차인일 뿐이라는 사실이다. 사람들은 이 점을 종종 잊고 산다.

둘째, 메시아가 오시기까지 상속받은 땅과 가족과 지파를 온전하고 깨끗하게 지켜야 한다. 메시아는 다른 어떤 것보다 그들이 속한 지파와 가족에서 나올 것이기 때문이다. 우리 주 그리스도가 오시기까지 이 상태는 그대로 유지되어야 한다.

셋째, 걷잡을 수 없는 탐욕이나 어리석은 낭비에 사로잡히지 않도록 주의해야 할 것이다. 탐욕에 사로잡힌 사람들은 제정신을 잃고 자기 형제의 소유까지 삼켜 버리려 할 것이며, 낭비벽에 사로잡힌 사람은 자신뿐 아니라 자기 후손까지도 파멸시켜 버릴 것이기 때문이다.

"하나님만이 백성과 땅의 주인이다"라는 웨슬리의 말에서도 토지공개념이 기독교적인 것임을 다시 한 번 확인하게 됩니다. 그리고 웨슬리는 하나님의 분배 질서를 지키는 것이 그리스도 재림을 대망하며 사는 그리스도 공동체의 의무인 것과, 자신과 이웃은 물론 후손까지 파멸시키는 탐욕과 낭비를 경계함으로 희년 공동체의 평화를 유지해야 함을 강조합니다. 적당한 생산욕구와 소비는 공동체에 활력을 불어넣어 주지만 이기적인 탐욕과 낭비는 공동체의 평화를 파괴할 뿐입니다. 바로 기독교 사회주의가 우려하는 대목입니다.

땅따먹기 놀이

토지공개념과 희년 공동체 얘기를 하다 보니까 어린 시절 동네 꼬마들과 함께 즐겨 하던 땅따먹기 놀이가 생각납니다. 놀이에 필요한 도구로는 바둑알만 한 돌이나, 사금파리로 조그맣게 만든 망 하나만 있으면 됩니다. 인원도 몇 명이 되든 상관없습니다. 너른 마당에 큼지막하게 원을 그린 후 아이들은 원 밖으로 나가 선을 따라 자기가 원하는 자리에 앉습니다. 그리고 선 위에 엄지손가락을 대고 가운뎃손가락으로 원 안쪽에 반원형을 그립니다. 그것이 자기 '집'입니다. 그런 후 가위바위보로 순서를 정하고 한 사람씩 집을 넓혀 가는데, 망을 자기 집 선 위에 놓고 손가락으로 튕겨 그걸 따라 금을 그으며 반드시 세 번 만에 집 안으로 돌아와야 합니다. 그렇게 세 번 튕겨서 얻은 땅은 자기 것이 되고, 늘어난 집의 새로운 경계선에서 다시 시작합니다. 세 번 만에 돌아오지 못하거나 튕긴 망이 남의 집으로 들어가거나 원 밖으로 나가면 '죽고', 다음 사람에게 기회를 넘겨주어야 합니다.

이런 식으로 계속하다 보면 어느덧 원 안에 빈 곳이 없게 됩니다. 꽤나 크게 집을 넓힌 아이도 있지만 그렇지 못한 아이도 있습니다. 그러나 어느 누구 불평하지 않습니다. 기회가 또 있기 때문입니다. 더 이상 따먹을 땅이 없으면 아이들은 모두 일어나 승자가 누구인지 확인한 후 원 안으로 들어가 영역을 표시했던 선들을 지웁니다. 그리고 원 밖으로 나가한 뼘짜리 집을 짓고 다시 시작합니다. 그런 식으로 아이들은 해질녘까지(혹은 재미없을 때까지) 몇 번이고 반복합니다. 그러다 어디선가 "얘들아, 밥 먹어라!"는 소리가 들리면 아이들은 놀이를 멈추고 일어나 집으로 뛰어갑니다. 달려가는 아이들 중에 방금까지 금으로 그은 땅을 자기 것이라고 생각하는 아이는 하나도 없습니다. 자기 땅을 넓히려는 욕심과 경쟁이 놀이를 흥미롭게 만들지만 어느 순간만 되면 땅은 원상회복이 되고 놀이를 즐기려는 아이들의 공동소유로 남게 됩니다.

그런 식으로 가난했던 시절, 우리는 어려서부터 토지공개념과 희년 공동체를 땅따먹기 놀이로 즐겼습니다. 그래서 그런지 그 시절, 열중했던 놀이를 중단하고 각자 자기 집으로 달려가게 만들었던 소리, "얘들아, 밥 먹어라!"가 제 귀에 이렇게 들립니다.

희년에는 너희가 각기 자기의 소유지로 돌아갈지라 ○ 레위기 25장 13절

사진 출처: Earle E. Cairns, ≪*Christianity Through the Centuries*≫, (Zondervan, 1996)

▷ 한글 성서에서 희년으로 번역된 히브리어 '요벨'은 뿔 나팔 즉 숫양의 뿔로 만든 나팔을 의미했다. 경제적인 이유로 땅을 팔고 남의 집 종살이하던 사람들도 땅을 되찾고 가족들과 합류하였으니 얼마나 기쁘겠는가. 그래서 '기쁠' 희(禧)자를 쓴 것이다. 사진은 아프리카 교회의 희년 축제 모습.

7 ────

실패한 역사,
그러나
버릴 수 없는 꿈

한번은 저와 같은 학교에서 구약을 가르치는 교수에게 이런 질문을 했습니다.

"이스라엘 역사에서 모세의 율법이 그대로 이루어진 적이 있는가? 특히 레위기 법전에 나오는 안식년과 희년 공동체가 그대로 구현된 적이 있는가?"

돌아온 답은 이러했습니다.

"내가 아는 한, 이스라엘 역사에 모세의 율법이 100퍼센트 구현된 적은 한 번도 없었다. 모세 율법 가운데 할례나 안식일, 유월절, 초막절, 음식 규정은 그래도 지켜졌다고 할 수 있으나 그 나머지 규례, 특히 안식년이나 희년 규례는 그대로 지킨 경우가 거의 없었다. 왕국 시대는 물론이고 정치적 구심점을 잃은 포로기 이후에는 더욱 그러했다."

'실현되지 못한 꿈의 세계', 이스라엘 역사에서 안식년과 희년 규례가 그러했습니다. 이스라엘 역사에서 하나님의 정의와 평화가 완벽하게 조화를 이루었던 때를 찾기 어렵다는 말입니다. 굳이 성서학자의 입을 빌지 않더라도 가나안 정착 이후 이스라엘 민족사가 '실패한 역사'였던 것은 구약성서 기록이 증명합니다.

'성군' 다윗도 해결하지 못한 빈곤 문제

우선 이스라엘 역사에서 최고 성군(聖君)으로 꼽히는 다윗 왕의 통치 시기(BC 1010-970)에 일어난 일입니다. 잘 아는 대로 다윗은 왕이 된 후 자신을 위해 목숨을 내놓고 전장에 나가 싸우고 있는 이방인(헷) 출신 우리야 장군의 아내(밧세바)를 강탈하고 그 사실이 들통날까봐 우리야를 최전방에 내보내 전사하게 만들었습니다. 그런 일을 저지르고도 양심의 가책을 느끼지 않던 다윗 왕에게 선지자 나단이 나타났습니다. 그가 왕의 잘못을 질책하며 비유로 든 이야기입니다.

> 한 성읍에 두 사람이 있는데 한 사람은 부하고 한 사람은 가난하니 그 부한 사람은 양과 소가 심히 많으나 가난한 사람은 아무것도 없고 자기가 사서 기르는 작은 암양 새끼 한 마리뿐이라 그 암양 새끼는 그와 그의 자식과 함께 자라며 그가 먹는 것을 먹으며 그의 잔으로 마시며 그의 품에 누우므로 그에게는 딸처럼 되었거늘 어떤 행인이 그 부자에게 오매 부자

가 자기에게 온 행인을 위하여 자기의 양과 소를 아껴 잡지 아니하고 가난한 사람의 양 새끼를 빼앗아다가 자기에게 온 사람을 위하여 잡았나이다 ○ 사무엘하 12장 1-4절

여기까지 듣고 있던 다윗이 화가 나서 "그런 몹쓸 놈이 있는가? 당장 잡아다 죽일 것이다. 양을 빼앗긴 사람에게 네 배로 갚아야 할 것이야" 하자 나단이 "당신이 바로 그런 자요!" 하고 받아쳤지요. 가진 것이 많은 부자가 가난한 이웃의 한 마리 양을 빼앗았다는 이야기가 과연 왕의 비행을 규탄하기 위해 나단이 지어낸 이야기일까요? 아니면 그 시절 다반사로 일어나던 보편적 현상이었을까요? 제 생각엔 후자인 것 같습니다. 잘 아는 대로 다윗 왕의 통치 시기는 끊임없는 전쟁과 반란으로 정치적 불안이 계속되었고 남·북 지파(부족)간 갈등도 사회적 불안 요소로 계속 작용하였습니다. 그래서 평화가 그리웠을 겁니다. 오죽했으면 피비린내 나는 전투 끝에 얻은 도시로 왕도를 옮기면서 그 이름을 '예루살렘'(평화의 도성)이라 했겠으며, 불륜의 결과로 얻은 아들의 이름을 '솔로몬'(평화로운)이라 했겠습니까?

정치·사회적 상황이 이러했으니 경제적 상황이 어떠했을지는 쉽게 짐작할 수 있습니다. 게다가 빈부격차 문제도 심각했으니 무관심을 넘어 빈곤층을 대상으로 한 착취와 탄압은 공동체 평화를 저해하는 사회악으로 작용하였습니다. 나단의 이야기는 이런 배경에서 나왔을 것으로 추정합니다. 사회경제적 부조리에 대한 종교적 고발은 다윗의 시로 불리는 시

편들에서도 종종 발견됩니다.

> 여호와여 주는 겸손한 자의 소원을 들으셨사오니 그들의 마음을 준비하
> 시며 귀를 기울여 들으시고 고아와 압제 당하는 자를 위하여 심판하사 세
> 상에 속한 자가 다시는 위협하지 못하게 하시리이다 ○시편 10편 17-18절

> 여호와의 말씀에 가련한 자들의 눌림과 궁핍한 자들의 탄식으로 말미암
> 아 내가 이제 일어나 그를 그가 원하는 안전한 지대에 두리라 하시도다
> ○시편 12편 5절

> 내 모든 뼈가 이르기를 여호와와 같은 이가 누구냐 그는 가난한 자를 그
> 보다 강한 자에게서 건지시고 가난하고 궁핍한 자를 노략하는 자에게서
> 건지시는 이라 하리로다 ○시편 35편 10절

성서에서 다윗의 시라는 표제어는 다윗이 지은 시로도 읽을 수 있지
만 다윗에게 바친 시로도 읽을 수 있습니다. 그런 맥락에서 다윗의 시
를 읽으면 왕에게 "제발 가난한 사람들도 평안하게 살 수 있는 그런 정
치를 해주십시오" 하는 민중의 염원과 기대를 느낄 수 있습니다. 가난한
사람도 기를 펴고 살도록 선정을 베풀어 달라는 일종의 상소(上訴)인 셈
입니다.

솔로몬의 부, 그 비극적 결말

다윗의 시에서 읽을 수 있었던, 사회적 약자를 보호해 달라는 상소 분위기를 솔로몬의 시에서도 느낄 수 있습니다.

> 하나님이여 주의 판단력을 왕에게 주시고 주의 공의를 왕의 아들에게 주소서 그가 주의 백성을 공의로 재판하며 주의 가난한 자를 정의로 재판하리니 의로 말미암아 산들이 백성에게 평강을 주며 작은 산들도 그리하리로다 그가 가난한 백성의 억울함을 풀어 주며 궁핍한 자의 자손을 구원하며 압박하는 자를 꺾으리로다 ○시편 72편 1-4절

> 그는 궁핍한 자가 부르짖을 때에 건지며 도움이 없는 가난한 자도 건지며 그는 가난한 자와 궁핍한 자를 불쌍히 여기며 궁핍한 자의 생명을 구원하며 그들의 생명을 압박과 강포에서 구원하리니 그들의 피가 그의 눈앞에서 존귀히 여김을 받으리로다 ○시편 72편 12-14절

솔로몬도 빈부격차 문제를 시원하게 해결하지 못한 것은 분명합니다. 오히려 성서는 그의 통치를 가진 자의 위세와 과시로 묘사하고 있습니다. 우선 왕위에 오르자마자 기브온 산당에 가서 1천 마리 양을 한꺼번에 불살라 바치는 1천 번제를 거행하여 평민들을 기죽게 만들었습니다. 그의 최대 업적으로 꼽히는 예루살렘 성전은 온통 금과 은으로 치장한 호화의 극치였습니다. 1년 정기 수입만 금 666달란트에 달했던 솔로몬,

그는 큰 방패 2백 개, 작은 방패 3백 개를 순금으로 만들어 걸어 두었고 상아로 만든 6단짜리 왕좌도 온통 금으로 입혔습니다. 성서는 "솔로몬 왕이 마시는 그릇은 다 금이요 레바논 나무 궁의 그릇들도 다 정금이라 은 기물이 없었으니 솔로몬의 시대에 은을 귀히 여기지 아니하였다"(왕상 10:21)라고 했습니다. 은조차 귀하게 여기지 않을 정도였으니 그 시대 귀족이나 부자들의 사치가 어느 정도였을지 상상하기란 어렵지 않습니다.

솔로몬 통치 시기(BC 970-930) 외국과 전쟁이 그치고 정치적으로 안정되면서 국가 경제가 부흥하고 무역이 잘 돼서 국민총생산은 늘어났지만 소득의 균등분배가 이루어지지 않음으로 경제적 불균형은 더욱 심화되었습니다. 부자들에겐 더없이 행복한 매일매일이었지만 빈곤층에겐 살아남기도 힘든 버거운 나날이었습니다. 후대 사람들이 솔로몬에게 그 저작권을 부여하고 있는 잠언에 나오는 대목입니다.

> 앞니는 장검 같고 어금니는 군도 같아서 가난한 자를 땅에서 삼키며 궁핍한 자를 사람 중에서 삼키는 무리가 있느니라 ○잠언 30장 14절

빈부격차 문제를 넘어 빈곤층 착취와 억압이라는 사회악이 만연한 세상, 망할 수밖에 없는 세상이지요. 시편이나 잠언과 같은 '지혜 문학'에 포함되는 욥기에도 빈곤층에 대한 사회적 무관심과 착취를 고발하는 내용이 많은데, 걱정을 넘어 분노를 담고 있습니다.

> 까닭 없이 형제를 볼모로 잡으며 헐벗은 자의 의복을 벗기며 목마른 자에

게 물을 마시게 하지 아니하며 주린 자에게 음식을 주지 아니하였구나 권세 있는 자는 토지를 얻고 존귀한 자는 거기에 사는구나 너는 과부들을 빈손으로 돌려보내며 고아의 팔을 꺾는구나 ○욥기 22장 6-9절

어떤 사람은 땅의 경계표를 옮기며 양 떼를 빼앗아 기르며 고아의 나귀를 몰아가며 과부의 소를 볼모 잡으며 가난한 자를 길에서 몰아내나니 세상에서 학대받는 자가 다 스스로 숨는구나 ○욥기 24장 2-4절

어떤 사람은 고아를 어머니의 품에서 빼앗으며 가난한 자의 옷을 볼모 잡으므로 그들이 옷이 없어 벌거벗고 다니며 곡식 이삭을 나르나 굶주리고 그 사람들의 담 사이에서 기름을 짜며 목말라 하면서 술틀을 밟느니라 ○욥기 24장 9-11절

성서는 솔로몬 통치의 실패 원인을 그가 말년에 궁 안으로 불러들인 이방 여인들, 그 여인들이 가지고 들어온 이방신 그리고 우상숭배에서 찾으면서 이 모든 것이 "하나님으로부터 떠난 솔로몬의 마음" 때문이었다고 합니다(왕상 11:1-10). 맞는 말입니다. 여기서 하나님으로부터 마음이 떠났다는 기록은 "백성들로부터 마음이 떠났다", 좀더 적극적으로 표현하면 "가난하고 소외된 사람들로부터 마음이 떠났다"로 읽을 수 있습니다. 부와 권력을 가진 자, 기득권층, 측근 중심으로 정치를 하다 보니 사회적 약자와 소외계층에 관심을 두지 못했고 그 결과 국민의 절대 다수의 지지를 받지 못한 것이 통치 실패의 근본 원인이라 하겠습니다. 왕으

로부터 마음이 떠난 백성, 이들의 지지를 받지 못한 정권은 불안하기만 합니다. 솔로몬 통치 말년에 자주 일어났던 반란과 반역은 그의 통치가 그의 이름처럼 '평화롭지' 못했음을 보여 주는 증거입니다(왕상 11:14-25).

분열에서 붕괴로 이어진 실패한 역사

솔로몬 통치가 비극적이었음은 그의 죽음으로 밝혀졌습니다. 솔로몬은 통치 말년에 밀로를 건축하고 다윗의 성읍들이 무너진 것을 수축하는 등 대대적인 토목공사를 벌였는데, 북부 에브라임 지파 출신인 여로보암을 발탁해서 공사 현장 감독을 맡겼습니다. 여로보암은 강제 노역에 끌려나온 부역자들의 고난의 현장에서 '왕으로부터 떠난' 백성들의 마음을 읽었습니다. 그리고 실수(?)를 범했으니, 자기 위의 왕보다 아래 백성들 편에서 행동한 것입니다. 그 때문에 여로보암은 왕의 미움을 샀고 결국 애굽 망명길에 올랐다가 솔로몬이 죽었다는 소식을 듣고 돌아왔습니다. 그는 자연스럽게 해방과 자유를 희구하는 이스라엘 회중의 대변자가 되어 새 왕 르호보암 앞에 나갔습니다. 그의 요구는 간단했습니다.

> 왕의 아버지가 우리의 멍에를 무겁게 하였으나 왕은 이제 왕의 아버지가 우리에게 시킨 고역과 메운 무거운 멍에를 가볍게 하소서 그리하시면 우리가 왕을 섬기겠나이다 ○열왕기상 12장 4절

그러나 3일 만에 돌아온 왕의 대답은 잔인했습니다.

> 내 아버지는 너희의 멍에를 무겁게 하였으나 나는 너희의 멍에를 더욱 무
> 겁게 할지라 내 아버지는 채찍으로 너희를 징계하였으나 나는 전갈 채찍
> 으로 너희를 징계하리라 ○열왕기상 12장 14절

회담은 결렬되었고 결별은 불가피했습니다. 결국 여로보암은 에브라임
과 므낫세를 중심으로 한 북부 지역 열 개 지파를 규합, 쿠데타를 일으
켜 북왕국 이스라엘을 세우고 떨어져 나갔고, 르호보암은 남은 유다 지
파 하나로 왕국의 명맥을 유지하였습니다. 왕국 분열 이후 이스라엘 역
사도 그다지 희망적이지 못했습니다. 북왕국 이스라엘 역사에서 가장 강
력한 통치력을 보여 주었던 아합 왕이 저지른 악행은 너무도 유명합니다.
드넓은 왕궁도 부족하다고 느꼈는지 왕궁 건너편 포도원을 차지하려고
땅 주인(나봇)을 죽인 왕입니다(왕상 21:1-16). 왕이 이러했으니 그 밑의 권
력층은 오죽했겠습니까? 지도층의 비리와 부패로 권위를 상실한 왕조가
외세(앗수르) 침공을 받아 멸망할 것은 당연했습니다. 남왕국 유다도 별
로 다를 바 없었습니다. 요시야 왕 때 성전을 수축하다가 지성소 먼지더
미에서 율법 두루마리(신명기)를 발견한 것을 계기로 대대적인 개혁운동
이 일어났을 때 잠깐 반짝했습니다만(왕하 22-23장) 그것도 잠시, 유다 왕
조는 사회적 갈등과 불안을 해소하지 못하고 방황하다가 역시 외세(바벨
론) 침공을 받아 붕괴되었습니다.

어느 시대든 붕괴는 내부 균열로 시작되어 외부 충격으로 마무리되

는 것을 역사가 증명합니다. 그렇기 때문에 사회를 건강하게 유지하기 위해서라도 사회적 정의와 평등은 구현되어야 합니다. 분열 왕국시대와 왕국 멸망 후 포로시대를 살았던 예언자들이 소외계층과 빈곤층에 대한 사회적 무관심과 억압에 대해 그처럼 목청을 높여 경고한 것도 그 때문입니다.

들판에서 양을 치다가 하나님의 부르심을 받고 북왕국 이스라엘의 수도 사마리아에 올라간 아모스의 분노 어린 고발입니다.

> 가난한 자를 삼키며 땅의 힘 없는 자를 망하게 하려는 자들아 이 말을 들으라 너희가 이르기를 월삭이 언제 지나서 우리가 곡식을 팔며 안식일이 언제 지나서 우리가 밀을 내게 할꼬 에바를 작게 하고 세겔을 크게 하여 거짓 저울로 속이며 은으로 힘없는 자를 사며 신 한 켤레로 가난한 자를 사며 찌꺼기를 팔자 하는도다 ○아모스 8장 4-6절

부자들이 온갖 편법과 수단을 써서 부를 축적하는 동안 가난한 사람들은 신발 한 켤레 값에 자식을 팔아 넘겨야 하는 사회 현실. 이런 경제적 불균형이 공동체 붕괴의 원인이 될 것은 당연합니다. 예루살렘에서 남왕국 유다의 멸망을 목격한 이사야의 고발입니다.

> 보라 너희가 금식하면서 논쟁하며 다투며 악한 주먹으로 치는도다 너희가 오늘 금식하는 것은 너희의 목소리를 상달하게 하려는 것이 아니니라 내가 기뻐하는 금식은 흉악의 결박을 풀어 주며 멍에의 줄을 끌러 주며 압

> 제당하는 자를 자유하게 하며 모든 멍에를 꺾는 것이 아니겠느냐 또 주린
> 자에게 네 양식을 나누어 주며 유리하는 빈민을 집에 들이며 헐벗은 자를
> 보면 입히며 또 네 골육을 피하여 스스로 숨지 아니하는 것이 아니겠느냐
> ㅇ이사야 58장 4-7절

　이사야의 하나님은 절기 때마다 백성들이 가져오는 제물에 대해 "역겹다"고 하시며 "마당만 밟는" 교인, 이론과 고백은 그럴싸하지만 생활과 실천이 따르지 않는 의례적이고 형식적인 종교를 고발하고 있습니다. 구체적 삶에서 빈민 구제와 빈곤 문제 해결을 외면했던 종교인들의 위선에서 왕국 멸망의 원인을 찾은 것입니다. 역시 같은 시기, 왕국의 멸망을 현장에서 체험하였고 바벨론 포로 행렬에도 동참했던 예레미야의 경고도 같습니다.

> 여호와께서 이와 같이 말씀하시니라 너희가 나에게 순종하지 아니하고 각
> 기 형제와 이웃에게 자유를 선포한 것을 실행하지 아니하였은즉 내가 너희
> 를 대적하여 칼과 전염병과 기근에게 자유를 주리라 ㅇ예레미야 34장 17절

　안식년과 희년에 실천해야 할 빚 탕감과 노예 해방 약속을 지키지 않은 죄가 결국 남의 나라에 노예로 잡혀가게 된 원인이 되었다는 말입니다. 그렇게 해서 바벨론에 포로로 잡혀갔던 유다 백성들 가운데서 활동한 에스겔의 해석입니다.

가난하고 궁핍한 자를 학대하거나 강탈하거나 빚진 자의 저당물을 돌려주지 아니하거나 우상에게 눈을 들거나 가증한 일을 행하거나 변리를 위하여 꾸어 주거나 이자를 받거나 할진대 그가 살겠느냐 결코 살지 못하리니 이 모든 가증한 일을 행하였은즉 반드시 죽을지라 ○에스겔 18장 12-13절

나라가 망하고 바벨론에 포로로 끌려가면서 처음에 "하나님의 택하신 민족인데 어찌해서 하나님을 모르는 이교도에게 망하였는가?" 이해할 수 없었던 백성들은 예언자들의 설명을 듣고 그 원인을 알게 되었습니다. '하나님으로부터 마음이 떠나' 산당을 세우고 우상을 숭배한 것도 큰 죄지만 그에 못지않게 '가난한 이웃으로부터 마음이 떠나' 빈곤 문제를 방치한 것도 큰 실수였습니다. 그런 의미에서 멸망은 과거에 대한 심판이었고 포로 생활은 반성 기간이었으며 예루살렘 귀환은 과거에 범한 죄를 뉘우치고 오류를 바로잡을 수 있는 기회였습니다. "다시 한 번 기회를 준다. 그러니 이번엔 실수하지 말고 잘 해보라." 예루살렘으로 돌아와 무너진 성전과 성읍을 수축하는 백성들에게 부탁한 스가랴의 권면입니다.

만군의 여호와가 이같이 말하여 이르시기를 너희는 진실한 재판을 행하며 서로 인애와 긍휼을 베풀며 과부와 고아와 나그네와 궁핍한 자를 압제하지 말며 서로 해하려고 마음에 도모하지 말라 ○스가랴 7장 9-10절

이번 기회도 살리지 못하면 그땐 미래를 장담할 수 없습니다. 기회와 함께 심판의 약속도 전달되었습니다. 예루살렘에 돌아와 새 삶을 살기

시작한 백성에게 말라기는 경고합니다.

> 내가 심판하러 너희에게 임할 것이라 점 치는 자에게와 간음하는 자에게
> 와 거짓 맹세하는 자에게와 품꾼의 삯에 대하여 억울하게 하며 과부와 고
> 아를 압제하며 나그네를 억울하게 하며 나를 경외하지 아니하는 자들에
> 게 속히 증언하리라 ○말라기 3장 5절

구약성서 기록은 여기서 끝납니다. 기회를 다시 얻은 이스라엘 민족
은 과연 성공했을까요? 그렇지 못했음은 이후 전개된 이스라엘 민족의
역사를 보아 알 수 있습니다.

암담한 현실, 그러나 포기할 수 없는 꿈

귀환 이후 이스라엘 민족은 독립국가를 세우지 못하고 5백년 넘게 페
르시아에 이어 그리스, 시리아, 로마 제국의 식민 통치를 받아야 했고 그
런 환경에서 사회정의를 바탕으로 한 윤리공동체 구현 과제는 민족공
동체로 과연 살아남을 수 있을까 하는 생존 문제에 밀릴 수밖에 없었습
니다. 오랜 식민 통치로 정치적·종교적 구심점을 상실한 상태였으니 공
동체 내부의 사회적 갈등과 경제적 모순을 해결하기란 기대하기 어려웠
습니다.
결국 난마처럼 얽힌 정치, 경제, 사회, 종교적 난제들을 한꺼번에 해결

할 수 있는 완벽한 지도자, 즉 메시아가 와야만 했습니다. 메시아는 다 윗을 능가하는 권위로 흩어진 민족을 하나로 묶어 독립국가를 이룬 뒤 모세 율법의 모든 내용을 완벽하게 구현할 수 있는, 그런 통치력을 지닌 인물이어야 했습니다. 암울한 현실에서 그런 메시아만이 유일한 희망이 었습니다. 왕국 멸망과 포로기 이후 예언자들의 메시지에 메시아 대망 이 핵심 주제가 된 것은 그 때문입니다. 남왕국 말기에 활약했던 이사야 가 대표적입니다.

이새의 줄기에서 한 싹이 나며 그 뿌리에서 한 가지가 나서 결실할 것이 요 그의 위에 여호와의 영 곧 지혜와 총명의 영이요 모략과 재능의 영이 요 지식과 여호와를 경외하는 영이 강림하시리니 그가 여호와를 경외함으 로 즐거움을 삼을 것이며 그의 눈에 보이는 대로 심판하지 아니하며 그의 귀에 들리는 대로 판단하지 아니하며 공의로 가난한 자를 심판하며 정직 으로 세상의 겸손한 자를 판단할 것이며 그의 입의 막대기로 세상을 치며 그의 입술의 기운으로 악인을 죽일 것이며 공의로 그의 허리띠를 삼으며 성실로 그의 몸의 띠를 삼으리라 ○이사야 11장 1-5절

구약에서 대표적 메시아 예언 본문으로 꼽히는 이 대목을 읽다 보면 혼란기를 사는 백성들, 특히 가진 것 없고 주목받지 못한 소외계층이 이 사회를 공평하고 정의롭게 다스릴 통치자를 얼마나 열망하고 있었는지 알 수 있습니다. 이사야는 계속해서 메시아 통치로 이루어질 미래를 다 음과 같이 묘사하였습니다.

그때에 이리가 어린 양과 함께 살며 표범이 어린 염소와 함께 누우며 송아지와 어린 사자와 살진 짐승이 함께 있어 어린아이에게 끌리며 암소와 곰이 함께 먹으며 그것들의 새끼가 함께 엎드리며 사자가 소처럼 풀을 먹을 것이며 젖 먹는 아이가 독사의 구멍에서 장난하며 젖 뗀 어린아이가 독사의 굴에 손을 넣을 것이라 내 거룩한 산 모든 곳에서 해 됨도 없고 상함도 없을 것이니 이는 물이 바다를 덮음같이 여호와를 아는 지식이 세상에 충만할 것임이니라 ○ 이사야 11장 6-9절

육식동물이 사회적 강자와 권력층, 부유층을 의미한다면 초식동물과 어린아이는 사회적 약자와 소외계층, 빈곤층을 의미합니다. 두 계층은 사는 환경도, 먹는 음식도 달랐습니다. 현실에서 이 두 계층이 같은 자리에서 같은 음식을 나누는 것은 불가능합니다. 양쪽 사람들을 억지로 한자리에 데려다 놓을 수는 있겠지만 불만과 불안 때문에 오래가지 못할 것은 분명합니다. 마치 자본주의와 사회주의가 공존하기 어려운 것과 같습니다.

이처럼 현실에서 가진 자와 가지지 못한 자 사이에 진정한 평화가 이루어지기란 불가능해 보입니다. 그 좋은 종교와 법이 있었음에도 실패한 이스라엘 역사가 이를 증명합니다. 그렇다고 포기할 수 없는 것이, 세상은 둘이 함께 살아가도록 만들어졌기 때문입니다. 그러니 어찌할까요? 바로 이 대목에서 인간의 의지와 현실의 한계를 극복할 수 있는 어떤 초월적인 능력의 도움이 필요합니다. 예언자들은 그것을 '메시아'로 표현한 것입니다. 메시아의 통치가 이루어지는 "그 날이 오면" 강자와 약자,

가진 자와 가지지 못한 자가 불신과 불만의 굴레를 벗어던지고 함께 손을 잡고 나누며 살아가는 평화를 이룰 수 있을 것이라는 꿈입니다. 우리 그리스도인들은 그 메시아 꿈이 예수 그리스도 안에서 이루어졌다고 고백합니다.

그렇습니다. 꿈은 현실을 극복할 수 있는 유일한 무기입니다. 현실이 아무리 암담해도 포기할 수 없는 꿈이 있습니다. 우리에게 그런 꿈이 있습니다. 현실에서는 자본주의와 사회주의가 상극이지만 이 둘이 공존과 협력을 이루어 나눔과 평화의 인류 공동체를 만들 수 있다는 꿈, 인류 역사에서 평등과 정의를 구현하려는 사회주의 실험이 수없이 많은 실패를 경험했음에도 여전히 포기할 수 없는 가치로 남아, 현실 영역에서 실현 불가능한 그 가치를 종교적 영역에서 구현할 수 있을 것이라는 희망입니다. 바로 역사 속의 기독교 사회주의자들이 포기할 수 없었던 꿈입니다.

▷ 현실에서 가진 자와 가지지 못한 자 사이에 진정한 평화는 불가능해 보인다. 하지만 예언자들은
메시아의 통치가 이루어지는 그 날이 오면 강자와 약자, 가진 자와 가난한 자가 함께 손을 잡고 살아
가는 평화를 이루리라는 꿈을 꾸었다. 그림은 퀘이커 교인인 에드워드 힉스의 〈이사야의 꿈〉(1827).

땅에 쌓을 것인가,
하늘에 쌓을 것인가?

2008년 6월에 있었던 촛불집회를 기억하십니까? 한 달 이상 미국 쇠고기 수입 반대 촛불집회가 열리자 이를 반대하는 보수단체에서 주최한 종교 집회에서 어느 목사가 이런 말을 했다고 합니다.

"촛불시위 배후에는 반미 친북 좌파 세력이 있음이 분명한데, 이들이야말로 우리나라를 파멸로 이끌려는 사탄의 세력이다. 예수님도 마지막 심판 때 양은 오른편에, 염소는 왼편에 두신다고 했다. 우파는 단어 자체가 옳다는 뜻이 있어 바른 것이지만 좌파는 그 반대이기 때문에 악한 것이다. 그래서 척결해야만 한다."

이 대목에서 참석자들은 손뼉을 치면서 "아멘!"을 연호하였겠지요. 잘 알고 있듯, 본래 좌익이나 우익이란 용어는 18세기 프랑스 국회에서 생겨난 말입니다. 즉 1789년 프랑스대혁명 이후 전개된 사회개혁에 대해 비교적 온건한 입장이던 지롱드당이 의장석 오른쪽에, 급진적인 입장이던 자코뱅당이 왼쪽에 앉았던 데서 비롯된 것입니다. 이후 철학 사상이나 사회운동에서 우파는 보수적인 흐름을, 좌파는 진보적인 흐름을 지칭하는 것이 되었습니다. 진보나 보수도 그렇지만 좌파나 우파란 용어도 그 자체가 상대적인 것이기에 절대적 가치나 평가를 부여하기 어려운 것입니다. 그런데 공교롭게도 영어에서 오른쪽을 의미하는 right가 '올바른'이란 뜻도 포함하고 있어 위와 같이 "우파는 옳다"는 억지(?) 해석이 나오게 된 것입니다.

그 말을 듣고 좌파는 영어로 무엇인지 생각해 보았습니다. 그런데 좌파를 뜻하는 영어 단어는 unrighteous나 wrong이 아니라 left였습니다. 물론 영어 left는 왼쪽을 뜻하는 라틴어 *laevus*에서 파생된 것이지만 그 목사 식으로 left를 풀이해 보았더니 그것은 '떠나다', '버리다'는 뜻을 지닌 동사 leave의 과거분사로 '버려진', '남겨진'이라 번역할 수 있습니다. 그러니 "좌파는 악한 것이다" 할 것이 아니라 "좌파는 버려진 것이다"라고 해야 합니다. 과연 그런 것 같습니다. 역사 속에서 좌파는 '버려진' 존재에 대한 관심과 애정에서 생각하고 행동하는 이들을 지칭하였습니다. 우파의 기반인 기득권층과 주류 세력에 의해 내몰린 비주류 소외계층의 입장에서 그들을 위하여 고민하고 투쟁했던 것이 좌파 운동이었습니다. 좌파 운동은 소외계층에 불리한 사회질서나 체제에 대해 변혁을 촉구하였고 그래서 기존 질서를 수호하려는 우파로부터 '과격하다'는 비판을 피할 수 없었습니다.

여기까지 생각하고 나서, 스스로 이런 질문을 해보았습니다.

"예수님이 한국에 오신다면, 좌파와 우파 모임 중 어디로 가실까?"

세례자 요한이 광야로 나간 까닭

구약에서 신약으로 넘어가는 길목에서 상징적인 몸짓으로 그 시대를 살았던 세례자 요한의 외침입니다.

회개하라 천국이 가까이 왔느니라 ○마태복음 3장 2절

'회개'와 '천국'은 따로 떼어놓고 생각할 수 없는 동전의 양면 같은 것입니다. 회개해야 천국이 이루어지기 때문입니다. '회개'로 번역된 '메타노이아'(metanoia)는 '끝', '목적', '반환점' 등을 뜻하는 '메타'(meta)와 '마음', '정신', '생각' 등을 뜻하는 '누스'(nous)를 합쳐서 만든 것입니다. 회개의 제일 좋은 예는 예수님의 비유, 돌아온 아들 이야기(눅 15:11-24)에서 찾아볼 수 있습니다. 집을 떠난 아들에게 '메타'는 돼지우리였습니다. 그는 거기서 생각을 바꿨고 떠나온 아버지의 집 쪽으로 방향을 틀면서 회복의 역사가 시작되었습니다. 집에 돌아와 아버지를 만남으로 잃었던 아들의 지위도 회복되었습니다. 따라서 회개는 방향전환을 통한 본질 회복이라 할 수 있습니다. 그리고 하나님의 본질을 회복한 사람들이 만들어가는 세상, 그것이 바로 하나님의 나라 곧 천국입니다.

요한은 이런 회개를 촉구하며 선포한 메시지를 몸으로 살았습니다.

그것은 파격의 연속이었습니다. 우선 요한은 생활환경을 바꾸는 것으로 회개의 삶을 살기 시작하였습니다. 제사장 가문에서 태어났지만 성전이나 회당이 아닌, 광야를 삶의 자리로 택했습니다. 성직자 의복인 에봇과 흉패 대신 낙타털 옷과 가죽 띠를 둘렀고 밀가루나 양고기 대신 들꿀과 메뚜기로 양식을 삼았습니다. 광야의 사람이 된 것입니다. 도시의 부요하고 편안한 삶을 포기하고 스스로 광야의 가난하고 불편한 삶을 선택한 것입니다. 왜 그랬을까요? 요한에게 회개는 '광야 회복'(back to the wild)이었습니다.

이스라엘 역사에서 광야는 특별한 의미를 지닙니다. 이스라엘 백성은 홍해를 건넌 후 요단강을 건너기 전까지 40년 동안 광야에서, 언제나 하나님의 임재(구름기둥과 불기둥) 안에서, 매일 하나님의 양식(만나와 메추라기)을 먹으며, 매순간 하나님의 말씀(율법)을 묵상하고 살았습니다. 광야는 말 그대로 하나님의 자리요 은총의 무대였습니다. 오랜 도시 생활의 풍요와 안락으로 잊고 살았던 은총의 본질을 회복하려고 요한은 광야로 나가 광야의 옷을 입고 광야의 음식을 먹었습니다. 스스로 풍요를 '버리고'(leave) 가난을 택했습니다. 그리고 광야에서 '버려진'(left) 사람들을 만나 그들과 만나의 은총을 나누었습니다. 요한은 그런 은총을 사모하는 이들에게 회개의 세례를 베풀었습니다. 그러나 어떤 사람들에겐 이해할 수 없는 독설을 퍼부었습니다.

"독사의 자식들아, 누가 장차 올 진노를 피하라 하였느냐? 먼저 회개에 합당한 열매를 맺으라. 그렇지 않으면 찍혀 불에 던져질 것이다."

여기서 회개에 합당한 열매로 번역된 '카르푸스 악시우스 메타노이아스'(karphous axious metanoias)는 '회개에서 비롯된 결과', '회개했음을 보여 주는 행실'로 읽을 수 있습니다. 회개는 행실로 증명되어야 하는데 머리와 입으로만 하는 회개를 책망한 것입니다. 요한은 도대체 누굴 보고 이런 독설을 내뱉은 것일까요? 답은 다음에 나옵니다.

> 그러면 우리가 무엇을 하리이까 대답하여 이르되 옷 두 벌 있는 자는 옷 없는 자에게 나눠 줄 것이요 먹을 것이 있는 자도 그렇게 할 것이니라
> ○ 누가복음 3장 11절

그의 분노는 나눔에 인색한 부자들을 향한 것이었습니다. 춥고 배고픈 빈곤층을 외면하고 무시하는 사회적 무관심과 냉대를 질책한 것입니다. 그의 분노는 구약성서에서 수없이 읽었던 예언자들의 그것과 다를 바 없었습니다. 빈부격차가 심화된 사회에서 소외계층에 대한 관심을 상실한 공동체는 붕괴를 피할 수 없습니다. 그래서 요한은 가진 자들의 독점과 횡포로 평화를 잃어버린 도시를 떠나 광야에서 평화의 길을 찾은 것입니다. 광야로 나간 요한이 기대했던 천국은 나눔을 통해 이루어지는 평화 공동체였습니다. 요한은 그런 공동체를 건설할 메시아를 기다리며 그 길을 예비하였습니다. 복음서 기자는 요한의 등장과 역할을 이사야 예언에서 찾았습니다.

> 광야에서 외치는 자의 소리가 있어 이르되 너희는 주의 길을 준비하라 그의 오실 길을 곧게 하라 모든 골짜기가 메워지고 모든 산과 작은 산이 낮

아지고 굽은 것이 곧아지고 험한 길이 평탄하여질 것이요 모든 육체가 하나님의 구원하심을 보리라 ○누가복음 3장 4-6절

여기서 산은 부유층, 골짜기는 빈곤층을 의미합니다. 산은 높고 골짜기는 낮은 것이 현실인데, 산은 낮추고 골짜기는 높여서 메시아의 길을 평탄하게 만들어야 한다고 하였습니다. 높은 산과 깊은 골짜기로 요철(凹凸)이 심한 길을 평탄하게 만들기 위해서는 산을 깎아내려 그 흙으로 골짜기를 메워야 합니다. 이는 곧 부유층이 자기 재물을 가난한 자들에게 나눠 줌으로 모두 함께 행복하게 살아가는 세상을 의미합니다. 본문에 나오는 "모든 육체"가 빈곤층만 의미하는 것은 아닙니다. 부자들만 사는 빌리지도 아니며 빈민들만 사는 꼬방동네도 아닙니다. 부자와 빈민이 모두 함께 어울려 사는 대동(大同) 공동체입니다. 바로 이사야가 꿈꾸었던, "이리가 어린 양과 함께 살며 표범이 어린 염소와 함께 누우며 송아지와 어린 사자와 살진 짐승이 함께 있어" "모든 곳에서 해 됨도 없고 상함도 없는" 거룩한 산(聖山)에서 이루어질, 메시아 공동체입니다(사 11:6-9).

요한과 에세네 공동체

이처럼 요한은 스스로 '버리고' 광야에서 '버려진' 사람들과 공동체 생활을 하였습니다. 주변에선 이들을 세례파라 불렀습니다만 많은 학자들은 요한과 그의 공동체를 에세네파로 분류합니다. 잘 알려진 바와 같

이 당시 이스라엘 신앙 공동체는 사두개파와 바리새파 그리고 에세네파 등 세 가지 흐름으로 구분되었습니다. 현실을 중시하며 성전을 중심으로 활동하던 사두개파와 율법(토라)을 중심으로 현실비판적 입장을 취한 바리새파와 달리, 에세네파는 예루살렘 성전이 이방인들에게 유린당하고 제사장 무리가 타락하자 성전과 도시를 떠나 광야로 들어가 '새 예루살렘'과 '새 성전'을 기대하며 금욕적인 공동체 생활을 하던 이들입니다. 사도들과 같은 시대를 살았던 유대 역사가 요세푸스는 《유대 전쟁사》에서 에세네파를 다음과 같이 소개하였습니다.

부(富)를 경멸하는 이들의 유무상통하는 생활은 가히 존경받을 만하다. 그들 가운데 남보다 더 가진 자는 없는데, 그것은 누구든 공동체에 들어오는 순간 자기 소유를 공동의 것으로 내놓아야 한다는 법 때문이다. 그들 가운데는 부의 편중이나 결핍 현상이 없으며, 개인 소유는 다른 사람들의 소유와 섞여 있어 구별할 수 없다. 그 결과 그들은 한 부모 아래 있는 형제들처럼 살고 있다. 그들은 [부자들의 기호품인] 기름을 불쾌한 것으로 여겨 자기 의지와 관계없이 기름이 묻었을 경우엔 온몸을 씻어낸다. 반면에 땀 흘리는 것은 아주 고귀한 일로 여긴다. 또 그들은 모두 흰옷만 입는다. 그들은 집사들을 임명해 공동체 일들을 처리하도록 하는데 그렇게 해서 선발된 사람은 자기 개인 일을 해서는 안 되며 오직 공동체와 관련된 일만 한다.

재물을 공유하는 공동체 생활은 많은 기독교 사회주의자들이 그 실험의 원형으로 삼고 있는 사도시대 오순절 공동체의 그것과 별로 다를 바 없습니다. 그래서 "믿는 무리가 한마음과 한뜻이 되어 모든 물건을 서로 통용하고 자기 재물을 조금이라도 자기 것이라 하는 이가 하나도 없이", "그 중에 가난한 사람이 없었던" 오순절 성령 공동체(행 4:32-35)의 기원을 에세네파에서 찾는 학자들도 많습니다. 사해 지역에서 발견된 쿰란 문서를 통해 에세네파에 관한 중요한 정보를 얻을 수 있는데, 이들은 개인 소유를 금하였고, 입고 있는 옷이나 신발이 해어져 닳기까지 새 것으로 바꾸지 않는 등 극단적인 금욕생활을 하였으며, 몸을 물로 씻는 정결 의식을 행한 후 같은 양, 같은 음식으로 만찬을 나누었습니다. 요세푸스보다 한 세대 앞서 살았던 유대 사상가 필로도 에세네파에 대한 기록을 많이 남겼습니다. 《가설》(Hypothetica)에 나오는 대목입니다.

그들은 매일 공동생활과 공동 식사를 하기 때문에 서로 간에 동등한 생활 조건에 만족하고 검약을 추구하며, 지나친 사치는 몸과 영혼을 병들게 하기 때문에 이를 피한다. 그들은 식사만 공동으로 하는 것이 아니라 옷도 공동으로 사용한다. 겨울에는 촘촘하게 짠 털외투를 몇 벌 준비해 놓고 여름에는 간편한 조끼를 몇 벌 준비해 놓아서 원하는 사람이면 누구든 가져다 입게 한다. 이들은 개인 소유를 전체의 소유로 여기며 전체의 소유 또한 개인 소유처럼 간주한다. 누구든지 병이 나면 공동 비용으로 치료를 받고 모든 사람이 돌보고 보살핀다.

요한과 그 공동체가 이런 에세네파 흐름에 가까웠던 것은 분명합니다.

요한은 현실적응적인 사두개파는 물론이고 현실에 '비판적 지지' 입장을 취하던 바리새파도 독사의 자식이라 불렀습니다. 요한은 분명 그 시대 주류는 아니었습니다. 오히려 기득권 주류 세력에 의해 밀려나거나 추방되어 '버려진' 사람들 편에서 주류 집권세력의 부정과 불의를 신랄하게 비판하였습니다. 이런 그의 반체제적 비판의식과 행동이 헤롯을 중심으로 한 주류 세력의 분노를 자아냈으며, 그것이 그의 죽음을 재촉한 원인이 되었음은 잘 알려진 사실입니다(막 6:14-29).

이런 요한에게 세례를 받으셨다는 사실 때문에 예수님을 에세네파로 분류하는 학자들도 있습니다만 에세네 공동체와 메시아 공동체는 분명 차이가 있습니다. 현실과 재물에 대한 불신과 증오를 바탕으로 세상을 향해 독선적이고 폐쇄적이며 배타적인 입장을 취했던 에세네파 공동체와 달리, 메시아 공동체는 관용과 사랑으로 세상을 바꾸어 현실에서 모두가 함께 평화를 이루며 사는 하나님의 나라, 즉 천국을 건설하는 것에 목표를 둡니다.

광야 시험, 주님의 기도

광야의 요한에게 세례를 받으면서 하나님의 아들(메시아)로 세상에 선포된(마 3:17) 예수님도 광야 체험으로 공생애를 시작하셨습니다. 광야에서 40일 금식하신 후 유혹자로부터 "네가 만일 하나님의 아들이어든 명하여 이 돌들로 떡덩이가 되게 하라"(마 4:3)는 시험을 받았습니다. 이스라엘 백성이 광야에서 먹는 문제로 시험을 받았다가 만나로 해결한 것을(출 16:3-4) 염두에 두고 유혹자는 예수님께 그런 이적을 행하여 빈곤 문제를 해결하라고 요구한 것입니다. 그런 요구(시험)에 예수님은 "사람이 떡으로만 살 것이 아니요 하나님의 입으로부터 나오는 모든 말씀으로 살 것이라"(마 4:4)는 말씀으로 응답하였습니다. 그것은 광야 40년 생활을 마감하는 시점에서 모세가 후손들에게 들려준 말씀이었습니다(신 8:2-3). 모세가 풀어 준 만나의 영적인 의미는 이러했습니다.

40년 동안 만나를 먹었으니 만나 체질로 바뀌어야 한다. 하나님 양식을 먹은 사람이면 그 생각과 의지가 하나님의 그것과 같아야 한다. 매일 만나를 먹듯 주야로 말씀을 묵상하여 그 속에 담긴 하나님의 뜻을 깨달아 사는 것이 만나 체질의 사람이 할 일이다.

만나 공동체는 말씀 공동체였고 구체적으로 안식년 공동체, 희년 공동체였습니다. 그것은 무한경쟁의 현실 사회에서 필연적으로 야기될 빈부격차와 그로 인한 사회적 갈등과 충돌을 해소하고 절제와 관용, 협력과 일치, 나눔을 통한 평등으로 구현될 평화 공동체였습니다. 그 말씀 공동체가 신약시대에 접어들면서 천국, 하나님의 나라로 표현된 것입니다. 그래서 요한이 광야에서 "회개하라. 천국이 가까이 왔다"라고 외친 것처럼 광야에서 돌아오신 예수님도 "회개하라. 천국이 가까이 왔다"(마 4:17, 막 1:15) 하시며 사역을 시작하셨습니다. 이후 예수님의 메시아 사역에서 천국, 하나님의 나라가 중심 주제가 될 것은 당연합니다. 우선 예수님께서 제자들에게 가르쳐 주신 기도가 그렇습니다(마 6:9-13).

하늘에 계신 우리 아버지여 이름이 거룩히 여김을 받으시오며 나라가 임
하시오며 뜻이 하늘에서 이루어진 것같이 땅에서도 이루어지이다

하나님의 뜻 안에서 세워지고 그 뜻대로 다스려지는 세상을 우리는
하나님의 나라, 천국이라 부릅니다. 우리가 죽어서 천국으로 가기도 하겠
지만 그보다는 천국이 살아 있는 우리에게 임하는 것입니다. 우리는 이
땅, 우리 안에서 하나님의 뜻이 온전하게 이루어지기를 기대합니다. 기대
는 구체적인 실천을 요구합니다.

오늘 우리에게 일용할 양식을 주시옵고

일용할 양식은 이스라엘 백성의 광야 음식, 만나를 상징합니다. 만나
는 저장이 불가능한 일일용(一日用)이었습니다. 그래서 만나는 자기 욕심
을 부리는 자에겐 썩을 양식이었지만(요 6:27) 나누는 이웃에겐 생명의
양식(요 6:35)이 됩니다. 나눔에 인색하지 않은 이웃들로 인해 "많이 거둔
자도 남음이 없고 적게 거둔 자도 부족함이 없는"(출 16:18) 기적이 일어
나 모두가 '한 오멜' 양식으로 불안하지 않은 삶을 살았던 만나 공동체
의 평화를 비는 기도입니다. 따라서 이 기도는 "오늘 굶지 않게 하소서"
라고 읽어도 되지만 그보다는 "탐욕에 사로잡혀 살지 않게 하소서"라고
읽는 것이 온당합니다.

> 우리가 우리에게 죄지은 자를 사하여 준 것같이 우리 죄를 사하여 주시옵고

앞서 언급하였습니다만, 여기서 죄로 번역된 '오페일레마'(opheilema)는 '빚'으로도 번역할 수 있습니다. 따라서 이 대목은 "우리가 우리에게 빚진 자를 탕감하여 준 것같이 우리 빚을 탕감하여 주시고"라고 번역하는 것이 전체 흐름에 어울립니다. 이는 곧 빚 때문에 남의 집에 팔려 갔던 사람과 토지를 무조건 돌려주어야 했던 안식년과 희년 공동체의 '자유와 해방'을 염두에 둔 기도입니다. 용서는 평화로 가는 지름길이기 때문입니다.

> 우리를 시험에 들게 하지 마시옵고 다만 악에서 구하시옵소서

구약 이스라엘 역사에서 율법 공동체, 만나 공동체, 그리고 안식년과 희년 공동체가 실패한 원인은 "하나님으로부터 마음이 떠난" 사람들의 필연적인 결과인 탐욕과 교만에 있었습니다. 자기 몫을 챙기려는 이기적인 집단행동에 "네 이웃을 네 몸과 같이 사랑하라"는 말씀은 구두선(口頭禪)이 되고 말았습니다. 그 결과 온갖 부정과 불의가 횡행하였고 소외 계층과 빈곤층은 늘어만 갔습니다. 그런 공동체에 평화가 깨질 것은 당연하였습니다. 구약시대 사람들이 실패한 말씀 공동체, 만나 공동체, 안식년과 희년 공동체의 평화를 회복하기 위해 무엇보다 그 실패 원인이었던 탐욕의 유혹을 물리치고 공동체를 파멸로 이끄는 사회악과 부조리를 제거해야 합니다. 그래야만 하나님의 뜻이 이루어진 하나님의 나라, 천국

이 임할(이루어질) 것이기 때문입니다.

땅에 쌓는 재물, 하늘에 쌓는 보화

메시아 사역의 방향과 내용은 분명했습니다. 예수님 사역은 가진 자보다는 가지지 못한 자, 누르는 자보다는 눌림 당하는 자, 건강한 자보다 병약한 자에 대한 관심과 사랑에서 출발합니다. 예수님께서 나사렛 회당에서 행하신 '데뷔' 설교의 본문(사 61:1-2)입니다.

> 주의 성령이 내게 임하셨으니 이는 가난한 자에게 복음을 전하게 하시려고 내게 기름을 부으시고 나를 보내사 포로 된 자에게 자유를, 눈 먼 자에게 다시 보게 함을 전파하며 눌린 자를 자유롭게 하고 주의 은혜의 해를 전파하게 하려 하심이라 ○ 누가복음 4장 18-19절

버려진 소외계층과 빈곤층에 대한 예수님의 일방적인 사랑은 팔복 말씀으로 알려진 산상 설교에서 잘 드러납니다. 마태복음은 그 대목에서 예수님을 시내산에 오른 모세처럼 묘사하였지만(마 5:1) 누가복음은 이스라엘 백성이 그리심산과 에발산에서 축복과 저주의 율법을 선포하는 장면처럼(신 27:12-13) 묘사하였습니다. 즉 그리심산에서 축복을 선포하듯 하셨지요.

너희 가난한 자는 복이 있나니 하나님의 나라가 너희 것임이요 지금 주린
자는 복이 있나니 너희가 배부름을 얻을 것임이요 지금 우는 자는 복이
있나니 너희가 웃을 것임이요 인자로 말미암아 사람들이 너희를 미워하며
멀리하고 욕하고 너희 이름을 악하다 하여 버릴 때에는 너희에게 복이 있
도다 ○누가복음 6장 20-22절

그리고 에발산에서 저주를 선포하듯 이렇게 말씀하셨습니다.

화 있을진저 너희 부요한 자여 너희는 너희 위로를 이미 받았도다 화 있을
진저 너희 지금 배부른 자여 너희는 주리리로다 화 있을진저 너희 지금 웃
는 자여 너희가 애통하며 울리로다 모든 사람이 너희를 칭찬하면 화가 있
도다 ○누가복음 6장 24-26절

나눔에 인색한 부자들을 향한 분노는 요한의 그것과 맥이 통합니다.
나눔에 인색할 뿐 아니라 재물 축적을 인생의 최고 가치로 여기는 이
들에 대한 실망과 경고도 종종 나옵니다. 예수님을 따라다니던 사람 가
운데 하나가 형제간 유산 분배 문제를 해결해 달라고 부탁하자 예수님은
"누가 나를 물건 나누는 자로 세웠느냐?" 하고 책망하시고, 비유를 들어
"어떤 부자가 어느 해 예상 밖의 풍성한 소출을 얻자 창고를 늘려 짓고
거기 쌓아둔 후 평안히 쉬고 먹고 마시고 즐거워하자 하였지만 그 밤에
하나님이 그의 영혼을 찾아가시면 그가 쌓아둔 재물이 뉘 것이 되겠느
냐?" 하시면서, "자기를 위하여 재물을 쌓아 두고 하나님께 대하여 부요

하지 못한 자"(눅 12:21)의 불행을 경고하셨습니다. 그러고 나서 당신을 따르는 제자들을 돌아보시며 말씀하셨습니다.

> 너희는 무엇을 먹을까 무엇을 마실까 하여 구하지 말며 근심하지도 말라 이 모든 것은 세상 백성들이 구하는 것이라 너희 아버지께서는 이런 것이 너희에게 있어야 할 것을 아시느니라 다만 너희는 그의 나라를 구하라 그리하면 이런 것들을 너희에게 더하시리라 적은 무리여 무서워 말라 너희 아버지께서 그 나라를 너희에게 주시기를 기뻐하시느니라 너희 소유를 팔아 구제하여 낡아지지 아니하는 배낭을 만들라 곧 하늘에 둔 바 다함이 없는 보물이니 거기는 도둑도 가까이 하는 일이 없고 좀도 먹는 일이 없느니라 ○ 누가복음 12장 29-33절

땅이 아니라 하늘 창고에 재물을 쌓아 두라는 말씀입니다. 그래야 '하나님께 부요한' 자가 될 수 있습니다. 그 구체적인 방법은 소유를 팔아 구제하는 것입니다. 땅에서 재물로 구제하면 하늘에 보화가 쌓인다는 말입니다. 여기서 사도 도마의 인도 선교 이야기가 생각납니다. 외경인 《도마행전》에 나오는 것인데 대략 다음과 같습니다.

> 예수님 승천 후, 12사도는 주님의 명령대로 복음을 땅 끝까지 전하기 위해 모여 제비를 뽑아 전도 지역을 정했다. 그때 도마에게 인도가 뽑혔는데 도마는 건강과 거리 문제를 내세워 인도에 갈 수 없다고 했다. 그러자 주님은 도마를 파산시켜 예루살렘 노예시장에 내놓으셨다. 마침 인

도 왕이 궁전을 지으려고 목수를 구하려 신하를 멀리 예루살렘에 보냈
는데, 신하는 노예시장에서 부활하신 주님을 만나 '은 삼십'에 도마를
샀다. 결국 도마는 주님의 뜻에 순종하여 인도로 가게 되었다.

인도 왕은 도마에게 한 곳을 보여 주며 돈을 아끼지 말고 세상에서 가
장 화려한 궁전을 지어 달라고 하였다. 그때부터 도마는 왕의 재물을 거
리의 사람들, 과부와 고아, 걸인, 환자들에게 '왕의 선물'이라며 나누어
주었다. 얼마 후 왕이 어느 정도 진척되었는가 묻자 도마는 지붕을 올려
야 한다고 했다. 그러자 왕은 황금으로 지붕을 씌우라면서 더 많은 돈을
내놓았다. 도마는 그 돈도 가난한 자들에게 나누어 주었다.

얼마 후 왕은 도마가 그동안 한 일을 알게 되었다.

"네가 나의 왕궁을 지었는가?"

"그렇습니다."

"그러면 언제 궁전을 볼 수 있는가?"

"지금은 아닙니다. 당신이 죽는 그 때입니다."

왕은 화가 나서 도마를 옥에 가두고 이튿날 처형하기로 했다. 그런데 바
로 그날 밤 왕의 동생이 갑자기 죽어 하늘나라에 갔다. 천사의 안내로
죽은 자들이 살 집을 돌아보던 중 한 곳에 아주 화려하고 아름다운 집
이 있어 그곳에 살게 해달라고 하자 천사는 이렇게 말했다.

"안 된다. 이 집은 그리스도인들이 당신 형을 위해 지은 왕궁이다."

그러자 동생은 천사에게 그 사실을 형에게 알려 줄 수 있게 해달라고
간청하였고, 허락을 받아 다시 살아난 동생은 조문하러 와 있던 왕에
게 하늘에서 본 것을 말해 주었다. 그제서야 왕은 도마가 자신을 위하

여 어떤 일을 하였는지 깨닫고 도마를 풀어 준 후 그에게 세례를 받고 왕국에서 전도하도록 허락하였다.

지금도 인도 서남부 말라바르 지역엔 "사도 도마를 통해 복음을 받았다"고 고백하는 도마교회 전통이 남아 있습니다. 예수님처럼 직업이 목수였던 도마는 인도에 가서 왕의 재물을 땅의 '버려진' 사람들에게 나누어 줌으로 하늘에 궁전을 건축하였습니다. 그러나 진짜 하늘 궁전은 왕이 죽어서 갈 곳이 아니라, 이 땅에 살면서 왕의 선물을 나누어 받아 배고픔과 추위를 면한 땅의 사람들과 함께 누렸던 행복과 평화였습니다. 그것이 도마가 이 땅에 건설한 '하늘나라'였습니다. 비록 외경에 나오는 기록이라 서구 교회 중심의 교회사에서는 언급조차 하지 않지만, 동방 기독교 전승에서 항상 그 중심 인물로 언급되는 도마의 인도 선교 이야기는 하늘나라 건설이 이 땅에서 재물을 어떻게 쓰는지에 달려있음을 보여 주는 비유로 남아 오늘 우리에게 전달되고 있습니다.

▷ (위) 예수님처럼 직업이 목수였던 도마는 인도에 가서 왕의 재물을 땅의 '버려진' 사람들에게 나누어 줌으로 하늘에 궁전을 건축하였다. 비록 외경에 나오는 기록이지만, 도마의 인도 선교는 하늘나라 건설이 이 땅에서 재물을 어떻게 쓰는지에 달려 있음을 보여 주는 좋은 비유다. 사진은 인도 도마기념교회.

▷ (아래) 사해 지역에서 발견된 쿰란문서를 통해 에세네파에 관한 중요한 정보를 얻을 수 있다. 한마음 한뜻이 되어 모든 물건을 서로 통용하고 가난한 사람이 없었던 오순절 성령 공동체의 기원을 에세네파에서 찾는 학자들도 많다. 사진은 쿰란 공동체 유적.

9

낙타도
바늘귀를
통과할 수 있다

우리 민족만큼 내세를 갈망하며 사는 민족도 없을 것입니다. 이 땅에 뿌리를 내린 거의 모든 종교가 내세와 직결되어 있습니다. 죽은 조상의 위패를 모신 명부전(冥府殿)을 찾아 정성을 다해 망자의 극락왕생(極樂往生)을 비는 불교는 물론이고, 내세에 대한 교리가 없는 유교에서 그토록 장례와 제사에 정성을 쏟는 것도 망자의 사후세계에 대한 믿음 때문일 것입니다. 망자의 원한을 풀어 주는 진혼굿을 제1의 제례로 여기는 무교는 말할 것도 없고 계룡산과 모악산 주변에 몰려 있는 신종교들도 하나같이 후천개벽(後天開闢)과 함께 이루어질 새 세상을 꿈꾸고 있습니다. 이처럼 우리 민족의 내세지향적 신앙이 강한 것은 끊임없는 외세의 침략과 지배, 가진 자의 횡포와 늑탈로 인한 가난과 궁핍, 시련과 고난의 역사적 체험, 그리고 이런 비극적 현실에서 벗어나고픈 욕망과 희망 때문일 것입니다. 현실에서 끊임없이 실망과 좌절을 맛본 이들에게 '죽어서라도 좋은 세상에 가보자'는 염원마저 없다면 그것은 죽음보다 더한 고통일 것입니다.

기독교도 예외는 아닙니다. 선교 초기 한국인들이 많이 읽은 전도책자들의 제목을 보더라도 《천로역정》(天路歷程), 《천로지귀》(天路指歸), 《천당직로》(天堂直路), 《천로지남》(天路指南) 등 천당과 관련된 것들이 많았습니다. 이해하기 힘든 기독교 교리를 설명하기보다 "예수 믿으면 천당 간다"는 말 한 마디로 교인을 얻는 경우도 많았습니다. 그래서 지금도 교회 다니는 신도들에게 "왜 교회에 다니는가?" 물으면 많은 경우 "천당 가려고"라는 답을 듣습니다. 지하철이나 종로 거리에서 남의 시선 아랑곳하지 않고 확성기로 외치며 전도하는 교인들이 제일 선호하는 "예수 천당! 마귀 지옥!"이란 구호도 알고 보면 기독교인들의 절박한 내세 신앙을 반영한 것입니다. 이런 내세 신앙은 일제강점기와 한국전쟁의 와중에, 언제 어떻게 죽을지 모르는 절박한 '종말론적 현실'을 체험하면서 더욱 심화되었습니다.

보다 나은 세상을 꿈꾸며 산다는 것이 나쁜 것은 아니지요. 그런데 그 내세 신앙이 지나치게 현실 도피적이고, 현실 부정적이라는 데 문제가 있습니다. 현실에 실망과 불만이 클수록 내세 신앙이 강한 것은 이해되지만 그런 현실을 회피하려는 소극적인 자세보다는 현실에서, 현실을 희망적인 것으로 바꾸어 나가려는 적극적인 자세라야 역사를 긍정적인 방향으로 발전시켜 나갈 수 있습니다. 게다가 한국 기독교인들은 '천국'(天國)을 지옥에 반대되는 '천당'(天堂)으로 해석해서 그 뜻을 축소시켜 버렸습니다.

나라(國)를 집(堂)으로 줄여 버린 것입니다. '하나님의 뜻이 이루어진 세계'라는 천국 개념을 '고통과 슬픔이 없는 천상 빌라'로 축소시킨 것입니다. 그리고 그것도 죽어서야 갈 수 있는 사후 세계, 현실에서는 이루어질 수 없는 이상향으로 그렸습니다. 이런 천당 이해는 복음서에서 말하는 천국 개념과 분명 거리가 있습니다.

천국, 하나님 나라에 대한 오해

하긴 예수님 당시에도 많은 사람들이 하나님 나라, 천국에 대해 오해하고 있었습니다. 평소 현실에 비판적이었기에 하나님 나라에 관심이 많았던 바리새파 사람들이 예수님을 찾아와 "하나님 나라는 어느 때에 임하겠습니까?"라고 묻자 예수님은 "하나님 나라는 볼 수 있게 임하는 것이 아니요 또 여기 있다 저기 있다고도 못하리니 하나님 나라는 너희 안에 있느니라(눅 17:20-21)"라고 대답하셨습니다. 언뜻 보면 동문서답 같습니다. 바리새파 사람들의 질문은 때와 시기에 관한 것이었는데 예수님의 답은 형식과 장소에 관한 것이었습니다. 여기서 당시 사람들이 하나님 나라에 대해 갖고 있던 관심과 오해가 무엇인지 알 수 있습니다. 우선 많은 사람들은 때와 시기에 관심이 많았습니다. 그리고 그때를 암시하는 외적인 징조나 현상에 예민하였습니다. 그 나라가 임할 때 나타날 현상, 그 나라가 건설될 장소에 대한 그럴듯한 시나리오들이 나돌았습니다. 그런데 예수님은 이런 모든 추측과 가설에 대해 "아니다!" 하셨습니다. 그들은 하나님 나라를 오해하고 있었던 것입니다. 17세기 영국의 유명한 청교도 설교가 매튜 헨리의 누가복음 17장에 대한 주석입니다.

> 그들은 메시아 나라가 외적이거나 세속적인 것이 아니라 영적인 것이라는 사실을 몰랐다. 그들은 그 나라가 언제 임할 것인지 물었지만 그리스도는 "너희는 뭘 모르고 있다. 그 나라가 오더라도 너희는 알아차리지 못할 것이다" 하셨다. 왜냐하면 그 나라는 세상 나라들처럼 외형적으로 드러나지 않을 것이기 때문이다. 지상의 나라들은 순리든, 혁명이든 그 업적을 신문 지상에 선전하면서 소란을 떠는데 하나님의 나라도 그런 식으로 이루어지는 줄 알고 있었다. 그러나 하나님 나라는 그런 식으로 임하지 않는다. 시끄럽거나 소란을 피우지 않고 조용하게 이루어진다. 그리스도 말씀처럼, 그 나라는 '메타 파라테레세오스'(meta paratereseos), '드러내 놓고 보이게' 임하는 것이 아니다.

세상 나라 통치자들은 선전과 홍보를 좋아합니다. 그래서 가능한 한 자신의 존재와 통치를 널리 알리고자 노력합니다. 그래서 외적이고 세속적인 형식, 당장 눈에 보이는 것을 추구합니다. 세상 사람들은 그런 통치자의 일거수일투족에 관심을 두고 그를 만나거나 그의 눈에 띄고 싶어 합니다. 눈도장이라도 찍어 둬야 뭔가 떨어질 것이기 때문입니다. 그래서 "여기 있다, 저기 있다"는 말이 항상 떠돌아다닙니다. 사람들의 이런 세속적인 관심은 하나님 나라에 대한 오해에서 비롯된 것입니다. 하나님 나라는 내적이고 영적인 것인데 사람들이 그것을 외적으로, 세속적으로 이해하고 판단한 결과입니다. 그렇다면 하나님 나라의 영적인 의미는 무엇일까요? 이어지는 매튜 헨리의 주석입니다.

그 나라는 영적인 영향력을 갖고 있다. 하나님 나라는 너희 안에 있다. 그 나라는 요한복음 18장 36절 말씀처럼 이 세상에 속한 것이 아니다. 그 영광이 사람들의 이목을 끌지는 못할지라도 저들의 영혼을 깨우치며 그 능력은 저들의 정신과 양심을 움직인다. 저들은 육신이 아니라 영혼과 정신과 양심으로 그 나라를 섬긴다. 하나님 나라는 저들의 외적인 환경을 바꾸기보다 저들의 마음과 삶을 바꿀 것이다. 그렇게 되면 전에 세상과 짝하여 세상이 주는 젖을 먹던 그들이 그것을 끊음으로 교만과 허영과 정욕에 사로잡혔던 삶이 겸손과 진정과 경건한 삶으로 바뀔 것이다. 그렇게 되면 세속적인 정부를 뒤집어엎는 그런 혁명이 아니라 마음의 혁명으로 이루어져 하나님 나라를 세우게 될 것이다. 하나님 나라는 너희 가운데 있다. 그래서 어떤 사람은 이 말씀을 이렇게 읽는다. "너희는 그 나라가 언제 임할지 궁금해 하면서도 그 나라가 이미 너희들 가운데서 이루어지기 시작했음을 알지 못하고 있다. 복음은 선포되었고 그것은 기적으로 확인되었으며 많은 사람들이 그것을 받아들였다. 따라서 그 나라는 너희 마음에 있는 것이 아니라 너의 나라 안에 있다." 주의할 것은 언제 그 나라가 임할 것인지 궁금해 하는 많은 사람들의 어리석음인데, 이미 그들 가운데 임한 것을 모르고 장차 임할 것으로만 생각하는 것이다.

정교분리 원칙을 강조하는 청교도 전통에서 혁명의 범위를 (세속적인 영역을 제외한) 종교적인 영역만으로 한정한 매튜 헨리의 주장에 100퍼센트 동의할 수는 없지만, 하나님 나라의 시기 문제에 대해 장래의 것으로만 생각하고 있던 이들에게 '이미' 성취된 사건으로 이해하도록 이끈 것은 탁월합니다. 그리고 하나님 나라를 아주 세속적이거나 반대로 아주 초현실적인 것으로 오해하고 있는 이들에게 그 나라는 영혼과 정신과 양심에서 출발하여 삶의 실천 문제로 연결되는 것임을 깨우친 것도 고맙습니다. 사실 요즘도 주변에서 천국을 오해하고 있는 이들을 종종 만납니다. 어느 집회에서 부흥사가 한 말입니다.

> 영동 지방에 물난리가 나서 큰 피해를 입었다. 한밤중에 폭우가 쏟아져 마을 사람들 모두가 불안해 떨고 있었는데 믿음 좋은 권사님 내외는 온 가족을 모아 찬송을 부르며 기도를 열심히 하였더니 마음이 평온해지면서 전혀 두렵지 않았다. 이튿날 새벽에 나가보니 앞집 뒷집 다 떠내려갔는데 권사님네 집만 온전하였다. 할렐루야! 천국은 어디 있는가? 우리 마음에 있다. 마음의 평안, 이게 바로 천국이다.

맞는 부분도 있지만 틀린 부분도 있습니다. 어떤 환경에서도 마음의 평정을 잃지 않는 믿음의 확신, 그것이 천국 생활의 기본이기는 합니다만 "남들이야 어찌 되었든 나만 평안하고 안전하면 된다"는 식의 이기적인 삶은 아무래도 예수님께서 말씀하신 천국과 거리가 있습니다. "천국은 우리 마음 안에 있다"는 식의 오해는 "하나님 나라는 너희 안에 있다"는 예수님 말씀을 잘못 읽은 때문입니다. 본문에서 "너희 안에"로 번역된 헬라어 '엔토스 휘몬'(entos huymon)은 정확하게 번역하면, "너희들 가운데"라고 해야 합니다. 여기서 '너희'는 2인칭 단수가 아닌, 2인칭 복수입니다. 국가를 혼자서 세울 수 없듯 천국도 개인이 만들 수 없기 때문입니다. 하나님 나라는 공동체 개념입니다. 공동체 안에서 이루어지는 하나님의 통치와 질서, 그것을 하나님의 나라, 천국이라 부릅니다. 그런 면에서 1930년 한국 감리교회가 〈교리적 선언〉을 제정하면서 제7조, 천국에 대하여 "하나님의 뜻이 실현된 인류 사회가 천국임을 믿으며"라 한 것은 타당합니다.

그런 공동체 안에서 통치 주권을 행사하는 왕으로서 하나님의 임재는 천국의 존재와 유지에 필수불가결한 요소입니다. 왕 없는 나라가 없듯, 하나님 없는 하나님 나라는 상상할 수 없기 때문입니다. 19세기 중엽 영국에서 초대교회 오순절 공동체를 재현하려는 신앙 공동체 '플리머드 형제단'(Plymouth Brethren, 한국에서는 '기독동신회'로 소개됨)을 창설한 다비(John N. Darby)가 누가복음 17장 주석에서 강조한 것도 그것입니다.

하나님 나라는 그들 가운데 있었다. 그걸 알았더라면 사람들은 그들 가운데 계신 왕을 알아보았을 것이다. 그 나라는 세상의 주목을 끄는 식으로 임하지 않았다. 그런데 이루어졌다. 그러므로 제자들은 마음만 먹으면 주님께서 지상에 계시는 동안 그 나라를 얼마든지 누릴 수 있었다. 그런데 그들은 그 나라를 보려고도 하지 않았다.

주님과 함께 살면서 주님을 알아보지 못한 제자들은 밭에 감추인 보화를 발견하지 못하고 엉뚱한 곳을 찾아 헤매는 농부와 같았습니다(마 13:44).

정리하면, 하나님 나라에 대한 오해는 그 나라가 내적이고 영적이며 공동체적인 것인데 그것을 너무 외적이고 세속적이며 개인적인 것으로 이해하려는 데서 비롯된 것입니다. 오해를 풀면 바른 이해가 가능합니다. 하나님 나라는 세상 나라 잣대로 측량할 수 없는 그 무엇이 있습니다. 그렇다고 천국이 외적이고 세속적이며 개인적인 모든 면을 부정하는 것은 아닙니다. 하나님의 임재와 통치가 이루어지면 내적인 변화로 외적인 변혁을 이끌어내고, 공동체 의식으로 이기적인 개인주의를 극복하여 물질적 세속 사회가 영적인 공동체로 바뀌게 됩니다. 이런 변화와 전환을 회개라 합니다. 그런 변화를 염두에 두시고 예수님께서 천국을 누룩과 겨자씨로 비유하셨습니다(마 13:31-33).

이해할 수 없는 '천국 비유'

"비유가 아니면 아무것도 말씀하지 아니하셨다"(마 13:34)고 할 정도로 예수님은 많은 비유를 말씀하셨는데, 그것은 천국에 대한 오해를 풀고 이 땅에서 제대로 천국 생활을 하도록 이끄시려는 의도에서였습니다. 그래서 예수님의 천국 비유를 개인적이고 세속적이며 외적인 관점에서 읽으면 난관에 부딪히는 경우가 많습니다. 특히 개인의 자유와 자율 경쟁, 시장경제를 지향하는 자본주의 관점에서 볼 때 도저히 이해되지 않는 비유가 많습니다. 마태복음 20장에 나오는 '포도원 품꾼' 비유가 대표적입니다.

천국은 마치 이와 같다. 어느 포도원 주인이 품꾼을 얻으려고 이른 아침 장터에 나갔더니 많은 사람들이 있어 [당시 성인 남자 한 사람의 일당인] 한 데나리온을 주기로 약속하고 포도원에 들여보냈다. 그리고 아침 식사 후 장터에 나갔더니 또 일감이 없어 노는 사람들이 있어 그들도 들여보냈다. 그런 식으로 한낮과 이른 오후, 늦은 오후에도 장터에 나가 '데려가는 사람이 없어 놀고 있는' 품꾼들을 포도원으로 들여보냈다. 해가 지고 일당을 계산해 줄 시간이 되어 주인은 제일 늦게 온 사람부터 이른 아침 제일 먼저 온 사람까지 똑같이 한 데나리온씩 주었다. 그러자 먼저 온 사람들 가운데 불만이 터져 나왔다. "나중에 온 저들은 한 시간밖에 일하지 않았는데 하루 종일 뜨거운 땡볕에서 고생한 우리와 똑같이 품삯을 준 것은 온당치 않다."

'일한 만큼 받는다'는 성과급을 경제활동 원칙으로 삼고 있는 자본주의 체제에서는 도저히 용납할 수 없는 상황이 벌어진 것입니다. 먼저 온 사람들은 "우리만 손해 보았다. 이런 식으로 하면 누가 일찍 와서 일하겠느냐?", "이는 사회정의에도 어긋난다"며 항의 농성과 시위를 벌였을 것입니다. 그런 불평분자들에게 주님은 단호하셨습니다.

애초에 한 데나리온을 주기로 약속하지 않았느냐? 내가 약속을 어겼더냐? 일찍 왔든 늦게 왔든 모두 똑같이 품삯을 주려는 것이 내 뜻이다. 내 것을 가지고 내 뜻대로 하는데 누가 그르다 하느냐?

많은 주석가들은 이 비유를 유대인(먼저 온 사람)과 이방인(늦게 온 사람)이 받을 동일한 구원의 은총과 관련지어 풀이합니다만, 나는 이것을 만나 공동체의 신약적 표현으로 보고 싶습니다. 이스라엘 백성이 광야에서 만나를 거둘 때, "그 거둔 것이 많기도 하고 적기도 하나 오멜로 되어 본즉 많이 거둔 자도 남음이 없고 적게 거둔 자도 부족함이 없이 각 사람은 먹을 만큼만 거두었다"(출 16:17-18)는 기적 현상이 천국에서도 재현된다는 말씀입니다. 만나 공동체에서 율법으로 이루어진 균등 분배가 천국에서는 하나님의 뜻으로 이루어진다는 것입니다. 그런 하나님의 뜻을 받아들이느냐, 아니냐에 따라 천국 사람이 되느냐, 아니냐가 판가름 납니다. 그 뜻을 받아들인 천국 사람은 당연히 이렇게 생각할 것입니다.

저 늦게 온 사람은 부양가족이 나보다 많은 사람인데 늦게 와서 일도 제대로 하지 못했지만 나와 똑같은 일당을 받았으니 얼마나 다행스러운가? 내가 저 사람보다 일찍 와서 일한 것이 저 사람의 하지 못한 일감을 채워준 것이라 생각하니 그것도 행복한 일이고.

이건 분명 자본주의 세상에선 기대하기 어려운 상상일 것입니다. "그런 식으로 자꾸 봐주니까 게을러서 일하려 하지 않는 게야"라며 항의도

할 것입니다. 그러나 어떡합니까? 그것이 천국, 곧 하나님 나라의 질서인 것을! 그것이 천국의 주인이신 하나님의 뜻이라면 천국에서 살기 바라는 우리로서는 받아들이는 것 외에 다른 길이 없습니다.

마태복음 22장에 나오는 왕의 혼인 잔치 비유도 같은 맥락에서 읽어야 합니다. 왕이 자기 아들을 위하여 혼인 잔치를 베풀면서 처음엔 도시의 부자와 귀족들을 초청하였으나 그들이 핑계를 대며 오지 않자 분노하여 군대를 풀어 그들을 진멸한 다음, 종들을 보내 "길에 나가 악한 자나 선한 자나 만나는 대로 모두 데려와" 잔치 자리를 채웠습니다. 그러고 나서 왕이 흡족한 마음으로 잔치 자리를 둘러보던 중 거기 '예복을 입지 않은' 사람을 발견하고는 종들을 시켜 그 사람을 바깥으로 내쫓았습니다. "옷 한 번 잘못 입었다고 너무한 것 아니냐?" 하겠습니다만 천국에서는 천국 문화, 천국 질서에 맞추어 살아야 한다는 것을 보여 주는 비유입니다. 고대 왕이나 귀족의 혼인 잔치에 참석하는 사람들은 연회장 입구에 마련된 예복을 입고서야 잔치 자리에 들어갈 수 있었답니다. 그래서 잔치에 참석한 사람들은 신분과 계급, 재물 소유에 관계없이 모두 '같은 옷'을 입고 같은 자리에서 같은 음식을 나누며 잔치를 즐겼습니다. 그런 식으로 세상에서 느끼던 빈부격차의 이질감과 위화감을 잔치 자리(천국)에서 털어버릴 수 있었습니다. 그러니 예복을 입지 않았다면(혹은 벗어버렸다면) 그는 주님의 이런 의지와 질서를 정면으로 거역한 셈이니 밖으로 내보내는 것이 당연합니다.

"한 사람이 한 오멜, 한 사람이 한 데나리온, 모두가 같은 옷." 균등과 평등은 하나님 나라의 포기할 수 없는 질서이자 변하지 않는 정서입니다. 이런 문화와 정서를 담고 있는 '천국 비유'를, 자유경쟁과 그로 인해 나타나는 빈부격차를 어쩔 수 없는 현상으로 받아들이는 자본주의 정서로 읽을 때 술술 풀려나가지 않고 걸려 넘어지는 것은 당연합니다.

자본주의적으로도, 사회주의적으로도 읽을 수 있는 천국 비유

그렇다고 예수님의 모든 비유가 자본주의 질서와 정서에 어긋나는 것은 아닙니다. 마태복음 25장에 나오는 세 가지 비유는 다분히 자본주의적 정서를 담고 있습니다. 첫 번째, 열 처녀 비유(마 25:1-13)는 낮에 기름을 준비한 슬기로운(부지런한) 사람과 그렇지 못하고 미련한(게으른) 사람이 받을 복과 저주가 어떤 것인지 설명하고 있습니다. 밤중에 신랑이 오자 미처 기름을 준비하지 못한 여인들이 "기름 좀 나눠 달라"라고 요청하였을 때 기름을 준비한 여인들이 "나눠 쓰기에 부족하다"며 냉정하게 거부하는 대목에서 "통쾌하다. 게으른 녀석들은 맛을 좀 보아야 한다"며 손뼉을 칠 자본가들이 많을 것입니다. 이것은 자본주의에서 사회악으로 규정하는 게으름에 대한 경고가 가득 찬 비유입니다.

두 번째, 달란트 비유(마 25:14-30)처럼 자본주의 정서에 잘 어울리는 것도 없을 것입니다. 우선 등장인물도 돈 많은 기업인과 장사꾼들이어서 경제인들이 좋아하게 되어 있습니다. 거기에다 주인으로부터 "착하고 충성된 종"이라 칭찬받은 두 사람은 열심히 장사를 해서 다섯 달란트와 두 달란트를 각각 열 달란트와 네 달란트, 곱절로 만들었습니다. 무릇 경제는 이익을 남겨야 합니다. 그런 생산적 경제활동에 주님의 칭찬이 쏟아진 것입니다. 그런데 한 달란트 받았던 종은 주인의 의도를 잘못 읽고 그 것을 땅속에 묻어 두었다가 돌아온 주인에게 고스란히 되돌려 주었더니 "게으르고 악한 종"이라는 책망을 들었습니다. 역시 게으름이 문제입니다. 그리고 그 한 달란트마저 압수하여 열 달란트 가진 신실한 종에게 주고는 "무릇 있는 자는 받아 풍족하게 되고 없는 자는 그 있는 것까지 빼앗기리라"(마 25:29)고 말씀하셨다는 대목에서 자본가들은 쾌재를 부르며 "자본주의 경쟁사회에서 어쩔 수 없는 부익부빈익빈 현상을 주님도 용인하셨다" 할지도 모릅니다.

위의 두 가지 비유는 사회주의보다는 자본주의 질서와 정서에 어울리는 것이 분명합니다. "어떻게 되겠지, 누군가 먹여 주겠지" 하며 게으름 피우지 말고 자기에게 주어진 능력(달란트)을 최대한 발휘하여 경제활동에 매진하라는 점에서 자본주의에 매력적입니다. 그렇습니다. 천국은 분명 게으른 자들의 낙원은 아닙니다. 주님의 말씀처럼 천국은 "침노하는 자가 빼앗는"(마 11:12) 곳입니다. 노력하지 않고는 얻을 수 없다는 말입니다. 그런 면에서 열 처녀 비유나 달란트 비유는 부지런히 노력하는 자만이 성공할 수 있다는 자본주의 질서를 반영합니다. "부지런히 일해서 돈 많이 벌어라"는 교훈으로도 읽을 수 있습니다.

그러나 여기서 멈추어선 안 됩니다. 열 처녀 비유와 달란트 비유는 그 다음에 나오는 세 번째, 양과 염소 비유(마 25:31-46)와 연결시켜 읽어야 됩니다. 세 번째 비유는 마지막 날 있을 심판을 묘사한 것입니다. 그 날 모든 민족이 양과 염소로 구분되어 축복과 저주를 받을 것입니다. 먼저 양들에게 "내 아버지께 복 받을 자들이여, 나아와 창세로부터 너희를 위하여 예비된 나라를 상속받으라. 내가 주릴 때에 너희가 먹을 것을 주었고 목마를 때에 마시게 하였고 나그네 되었을 때에 영접하였고 헐벗었을 때에 옷을 입혔고 병들었을 때에 돌보았고 옥에 갇혔을 때에 와서 보았느니라" 하시며 축복하셨습니다. 양들이 의아해서 "우리가 언제 주님께 그런 일을 하였습니까?" 하자 주님은 이렇게 답하셨습니다.

> 내가 진실로 너희에게 이르노니 너희가 여기 내 형제 중에 지극히 작은 자 하나에게 한 것이 곧 내게 한 것이니라

다음으로 염소들에게 저주를 내리셨는데, "저주를 받을 자들아, 나를 떠나 마귀와 그 사자들을 위하여 예비된 영원한 불로 가라. 내가 주릴 때에 너희가 먹을 것을 주지 아니하였고 목마를 때에 마시게 하지 아니하였고 나그네 되었을 때에 영접하지 아니하였고 헐벗었을 때에 옷 입히지 아니하였고 병들었을 때와 옥에 갇혔을 때에 돌보지 아니하였느니라" 하셨습니다. 염소들도 "우리가 언제 주님께 그렇게 하지 않았습니까?" 하자 이렇게 답하셨습니다.

> 내가 진실로 너희에게 이르노니 이 지극히 작은 자 하나에게 하지 아니한 것이 곧 내게 하지 아니한 것이니라

결국 축복과 저주 사이에서 양과 염소의 운명을 가른 것은 권력이나

재물의 유무가 아니라 베풂과 나눔의 유무였습니다. 오직 한 가지 판단 기준은, '내 형제 중 가장 작은 자'가 곤경에 처했을 때 가진 것을 나누었는가, 아니면 외면하였는가 그 행동 여하입니다. 자신에겐 부요하고 하나님께 부요하지 못한 자, 사회적 약자와 빈곤층에 무관심한 '물질적 부자들'에게 천국은 '머나먼 나라'이지만, 힘든 삶을 살아가는 이웃에게 마음과 물질을 나누는 데 인색하지 않은 '영적 부자'들에게 천국은 '이미 이루어진 나라'입니다.

결국 마태복음 25장에 나오는 세 가지 비유는 자본주의와 사회주의의 조화를 암시하고 있습니다. 열 처녀 비유와 달란트 비유는 생산적 경제활동을 강조하는 자본주의를 지지하고, 양과 염소 비유는 사회적 빈곤층과 약자에 대한 복지정책을 중시하는 사회주의를 지지합니다. 두 흐름은 언뜻 서로 배치되는 것처럼 보이지만 사실은 서로 보완하고 협력해야 할 동전의 양면 같은 것입니다. 자본주의와 사회주의의 협력 관계를 이렇게 표현해 봅니다.

"부지런히 일해서 얻은 재물, 어려운 이웃과 나누며 살자."

"벌기는 자본주의식으로 하고, 쓰기는 사회주의적으로 하자."

물론 여기서 말하는 자본주의나 사회주의는 이기적이며 탐욕적인 '천민' 자본주의나 폭력적이고 강압적인 '공포' 사회주의는 아닙니다. 천국은 순수하고 부드러운 것입니다. 이처럼 성서와 기독교 전통에서 자본주의와 사회주의는 얼마든지 공존과 조화가 가능합니다.

웨슬리의 3대 경제 원리

기독교인이 재물을 어떻게 모으고 쓸 것인가에 대해 명확한 기준을 제시해 준 웨슬리의 설교가 있습니다. 그는 누가복음 16장 9절 "불의의 재물로 친구를 사귀라. 그리하면 그 재물이 없어질 때에 그들이 너희를 영주할 처소로 영접하리라"는 본문을 가지고 "재물 사용법"이란 설교를 하였는데 여기서 재물에 대한 그리스도인의 3대 원리를 제시합니다. 그 첫 번째 원리입니다.

> 이런 점들만 주의하고 경계한다면, 세상에서 어떤 직업을 갖고 있든, 그리스도의 가르침을 가장 위대한 규칙으로 여기며 살기로 결심하였다면, 누구든 당연히 재물에 대하여 생각할 것은, '할 수 있는 대로 벌어라'(Gain all you can)이다. 정직한 기업활동으로 할 수 있는 대로 벌어라. 당신이 받은 소명대로 가능한 한 열심히 노력하라. 시간을 허비하지 마라. 당신이 당신 자신과, 하나님 및 이웃과 어떤 관계를 맺고 있는지 알면 주저할 것이 하나도 없음을 알게 될 것이다. 당신에게 부여된 특별한 소명이 무엇인지 깨닫게 된다면 팔짱을 끼고 있을 시간이 없음을 알게 될 것이다. 매일, 매시간 적합한 일거리가 당신을 기다리고 있을 것이다. 당신이 지금 어디에 있는지, 무엇을 해야 하는지 파악하였다면 유익함이 없는 어리석은 유흥으로 시간을 낭비할 수 없음을 알게 될 것이다. 보다 좋은 일, 당신에게 유익을 주는 그 무엇이 항상 당신 앞에 나타날 것이다. 그리고 '당신에게 어떤 일이 주어지든 최선을 다해 그 일

을 하라.' 가능한 한 빨리 하라. 미루지 마라! 지금 할 수 있는 것을 다음으로 미루지 마라! 오늘 할 수 있는 일을 내일로 미루지 마라. 그리고 하더라도 최선을 다해 잘하라.

"할 수 있는 대로 벌어라." 자본가들이 아주 좋아할 말입니다. "열심히 일하라. 시간을 낭비하지 마라." 기업가와 공장주들이 아주 좋아할 말입니다. 이런 식으로 하면 생산량이 늘어나지 않을 수 없습니다. 근면과 성실을 바탕으로 한 생산 활동에 경제 성장은 당연한 결과입니다. 그러나 웨슬리가 무작정 생산과 소득을 장려한 것은 아닙니다. 그는 모든 경제활동에 '정직한 기업활동'을 전제로 깔았습니다. 이주 노동자들의 임금을 착취하거나 저울을 속이는 방법으로 소득을 올리지 말라는 것입니다. 그것은 악이므로 기독교인이 가장 경계할 대목입니다. 이처럼 웨슬리는 기독교인의 경제 원리 제1조를 근면과 정직을 바탕으로 한 생산과 소득 활동에 두었습니다. 그런 의미에서 그는 '정직하고 성실한' 자본주의를 지지하였습니다. 다음 제2조입니다.

정직한 지혜와 지치지 않는 근면으로 가능한 한 많이 벌었다면, 그 다음으로 분별력 있는 그리스도인으로서 취해야 할 두 번째 규칙은, '할 수 있는 대로 아끼라'(Save all you can)이다. 당신의 그 귀한 재능을 바다에 던지지 마라. 그런 어리석은 짓은 이교도 철학자들이나 하게 버려두라. 재물을 어리석은 일에 쓰지 마라. 그것은 바다에 던지는 것과 다를 바 없다. 육신의 정욕과 안목의 정욕과 이생의 자랑을 위해서는 한

푼도 쓰지 마라. 그처럼 소중한 재능을 단지 육신의 정욕을 만족시키는 일에 허비해선 안 된다. 어떤 종류든 감각적 쾌락을 얻는 일에, 특히 입맛의 쾌락을 즐기는 일에 낭비해서는 안 된다. 과식이나 만취를 말하는 것만은 아니다. 이런 것들은 양심적인 불신자들도 싫어한다. 정상적인 것처럼 꾸미고, 주기적으로 감각을 증진시켜 나가는 아주 고상한 쾌락주의가 있다. 이런 것은 위장에 당장 부담을 주지는 않지만, (적어도 감각적으로는) 사리판단에 해를 끼치지는 않지만 (그 결과를 지금 말하지는 않겠지만) 그걸 즐기려면 상당한 비용을 지불해야만 한다. 이런 것에는 절대 돈을 쓰지 마라! 감각적이고 현란한 것들은 무시하고 소박한 본성이 요구하는 것으로 만족하라.

잘못하면 'Save all you can'을 "할 수 있는 대로 저축하시오"라고 번역할 수도 있습니다. 그러면 자본가, 경제인들이 좋아하는 표어가 될 것입니다. 은행과 금융회사가 그것 때문에 있는 것 아닙니까? 그러나 웨슬리가 말한 것은 "저축하라"가 아니라 "아끼라"입니다. 그것은 그의 설교 내용에서 확인됩니다. 그는 은행이나 금고 얘기는 하지도 않았습니다. 재능과 물질을 허망한 곳에 쓰지 말라는 말만 하였습니다. 정직과 성실로 번 돈을 감각과 정욕을 만족시키는 것에 쓰지 말라는 것입니다. 술과 음식만이 아닙니다. 웨슬리가 경계한 것은 '고상한 쾌락주의'입니다. 당시 귀족과 자본가들이 은밀하게 자기네들끼리 즐기던 고급스런 사교 문화, 그 유명한 영국의 '빅토리아 귀족 문화'를 염두에 둔 것이겠지요(웨슬리는 그런 예로 귀부인들의 화려한 몸치장, 비싼 가구와 미술품, 서적, 장식품으로 집안을 꾸미는 것, 정도 이상으로 화려하게 정원을 가꾸는 것 등을 언급하고 있습니다). 이런 것은 정상적인 것으로 위장하고 침투하여 서서히 개인과 가정, 사회를 파괴합니다. 애써 모은 돈을 이런 데 쓰지 말라는 것입니다. 사치와 향락을 멀리하고 소박하고 검소한 생활을 하는 것이 기독교인의 두 번째 경제 원리입니다. 다음, 마지막 세 번째 원리입니다. 그것은 제1, 제2 원리의 결론입니다.

지금까지 말한 것처럼, '할 수 있는 대로 벌었고, 할 수 있는 대로 아꼈다' 하더라도 여기서 더 나아갈 무엇이 없다면 이처럼 허망한 것은 없을 것이다. 지금까지 한 일은 모두 쓸데없는 것이 되고 말 것이다. 어떤 일에도 쓰지 말고 아끼라 하면 그것은 쌓아만 두라는 것인데 그래서는 안 된다. 재물을 땅에 묻어 두라는 것은 그것을 바다에 던져 버리라는 것과 다를 바 없다. 땅에 재물을 묻어 둔다는 것은 품안에 품고 있거나 아니면 영국 은행에 넣어 두는 것과 다를 바 없다. 쓰지 말라는 것은 결국 허비하라는 것과 매한가지다. 따라서 진정으로 '불의한 재물로라도 친구를 사귀기 원한다면' 지금까지 살펴본 두 가지 원칙 외에 세 번째 원칙이 추가되어야 한다. 첫째, 할 수 있는 대로 벌었고, 둘째, 할 수 있는 대로 아꼈으면, 그 다음은 '할 수 있는 대로 주어라'(Give all you can)이다. 세 번째 원칙대로 살아야 할 이유와 근거는 여기 있다. 하늘과 땅을 소유하고 계신 분께서 그대를 지으셨고, 그대를 이 세상 가운데 두시되 그대를 소유주가 아닌 관리자로 세우셨기 때문이다. 그런 식으로 그분은 온갖 종류의 물질을 그대에게 당분간 맡겨 두신 것이므로 그 소유권은 여전히 그분께 있고 그분을 떠나서는 아무 일도 할 수 없기 때문이다. 그대 자신도 그대 것이 아니라 그분 것이며 그대가 즐기는 그 모든 것도 그분 것이기 때문이다.

여기서 웨슬리가 은행을 말합니다만, 돈을 은행에 저축해 두라는 뜻으로 하지 않았습니다. 오히려 그는 은행 저축을, 재물을 땅에 묻어 두는 것과 같은, 더 나아가 사치와 향락에 낭비하는 것과 다를 바 없는 것으로 해석하였습니다. 마태복음 25장의 달란트 비유에 나오는 마지막 사람, 한 달란트를 땅에 묻어 두었다가 책망을 들은 '악하고 게으른' 종의 범주에 해당하는 것입니다. 은행이 없던 시절, 사람들은 땅을 파고 그 속에 재물을 감추었지요. 그런 면에서 웨슬리는 자본주의의 꽃이라 할 수 있는 금융산업을 별로 좋아하지 않았습니다. 재물을 벌고 아끼는 이유는 그것을 저장해 두고 보고 만족하며 즐기려는 것이 아니라 그것을 유용하게 사용하기 위함입니다. 물질은 쓰기 위해 존재하는 것입니다. 웨슬리는 모든 존재와 물질의 궁극적 소유권은 하나님께 있고 우리는 그 관리자일 뿐이므로 소유주이신 하나님의 의지에 따라 그것을 사용해야 할 의무가 있음을 말하고 있습니다. 웨슬리는 그것을 "할 수 있는 대로 주라"는 말로 표현한 것입니다. 주되 하나님 뜻대로, 하나님 방식으로 주어야 합니다. 마태복음 25장의 마지막 비유에 나오는 양처럼 '지극히 작은 자'에게 먹을 것과 입을 것, 마실 것을 나눠 주고, 외롭지 않게 보살펴 주어야 합니다.

웨슬리의 설교를 요약하면, "정직하고 근면하게 노력해서 가능한 한 돈을 많이 벌어라. 그렇게 번 돈을 사치와 향락에, 헛된 곳에 쓰지 말고 검박하게 생활하라. 그렇게 해서 모은 돈을 하나님이 원하시는 방식으로 주변의 어려운 이웃들에게 나눠 주라"는 것으로 정리할 수 있겠습니다. 영국의 산업혁명 시대를 살았던 웨슬리는 공장과 광산촌, 농어촌과 도시 빈민촌을 순회하면서 전도하는 중에 급속한 경제성장으로 인한 물질적 풍요와 함께 계층간 빈부격차로 인한 사회적 모순과 갈등을 목격하였습니다. 그는 귀족과 천민, 가진 자와 가지지 못한 자의 공존과 협력을 모색하였습니다. 그리고 자본주의의 뛰어난 생산성과 사회주의의 균등 분배를 조화시킬 수 있는 경제 원리를 성서에서 찾은 것입니다.

할 수 있는 대로 벌어라.
할 수 있는 대로 아끼라.
할 수 있는 대로 주어라.

자본주의와 사회주의가 손잡고 함께 추구해야 할 경제 원리가 아닐까요? 자본주의와 사회주의가 화해하고 협력할 수 있다는 또 다른 예를 복음서에서 찾아봅시다.

바늘귀를 통과한 낙타, 천국에 들어간 부자

누가복음 18장을 보면 자본가나 부자들이 제일 싫어하는(두려워하는)

본문이 나옵니다. 예수님을 찾아와 "내가 무엇을 하여야 영생을 얻을 수 있습니까?" 하고 물었던 부자 청년 이야기입니다. 그는 안정적인 직업(관리)에다 부까지 갖추었고 더욱이 웬만한 율법 조항은 다 지켰다는 종교적 자부심까지 있었으니 세상 사람들은 "하나님 축복을 쏟아지게 받은 사람"이라며 부러워했습니다. 그런 그에게 주님은 "네게 아직도 한 가지 부족한 것이 있으니 네게 있는 것을 다 팔아 가난한 자들에게 나눠 주라. 그리고 와서 나를 따르라" 하셨고 그런 명령을 따를 수 없었던 그 부자는 "심히 근심하며" 떠나감으로 천국 사람이 누리는 영생의 축복을 받지 못한 '실패한 인생'이 되고 말았습니다. 그가 떠나고 나서 예수님은 제자들에게 "재물이 있는 자는 하나님 나라에 들어가기가 얼마나 어려운지 낙타가 바늘귀에 들어가는 것이 부자가 하나님 나라에 들어가는 것보다 쉽다" 하셨습니다. 액면 그대로 읽으면 부자는 도저히 하나님 나라에 들어갈 수 없다는 것이 됩니다. 제자들도 그렇게 알아듣고 "그런 식이라면 누군들 구원받을 수 있습니까?" 하자 주님은 이렇게 말씀하셨습니다.

> 무릇 사람이 할 수 없는 것을 하나님은 하실 수 있느니라
> ○ 누가복음 18장 27절

사람의 의지나 노력으로 되지 않는 것이라도, 하나님이 함께하시면 된다는 말입니다. 결국 부자 청년의 한계는 부에 대한 집착이라기보다 재산을 정리함에 하나님의 능력보다 자신의 능력과 의지를 시험해 보다 포기한 것입니다. 하나님의 영적인 힘에 사로잡히면 인간적 한계는 얼마든

지 극복할 수 있음을 그는 몰랐던 것입니다. 다른 말로 하면, '하나님의 능력'에 사로잡히면 어떤 부자라도 천국에 들어갈 수 있다는 말이 됩니다. 낙타가 바늘귀를 통과할 수도 있다는 말입니다.

바로 누가복음 19장에 나오는 삭개오가 그렇게 '성공한' 사람입니다. 18장에 나오는 청년처럼 삭개오도 부자 관리(세리장)였습니다. 삭개오는 자기 마을에 예수님이 지나가신다는 소문을 듣고 "그가 어떤 사람인가?" 보려는 마음이 들면서 삶에 변화가 일어나기 시작했습니다. 웨슬리는 이를 '선행은총'(先行恩寵, prevenient grace)이라 하여, 우리가 생각하거나 결정하기 전에 우리 삶에 간섭하시는 하나님의 은총, 우리를 회개로 이끄시는 구원의 제일 은총으로 설명합니다. 삭개오에게 선행은총으로 예수님을 보고 싶은 마음을 심어 주신 것에서 하나님의 능력은 이미 작용하기 시작했다는 말입니다. 이후 삭개오는 그 능력에 사로잡혀 집 밖으로 나갔고, 창피를 무릅쓰고 돌무화과나무에 올라갔으며, 거기서 주님과 눈이 마주쳤고, 주님의 말씀대로 주님을 집으로 모신 후 주님 앞에서 위대한 고백을 하였습니다.

> 주여 보시옵소서 내 소유의 절반을 가난한 자들에게 주겠사오며 만일 누구의 것을 속여 빼앗은 일이 있으면 네 갑절이나 갚겠나이다
>
> ○ 누가복음 19장 8절

예수님이 먼저 요구한 것도 아니고, 제자 중 누가 귀띔해 준 것도 아닙니다. 18장에 나오는 부자는 "가진 것을 팔아 가난한 자에게 주라"는

주님의 요구를 받아들이지 못해 실패하였는데, 삭개오는 누가 시키지도 않았는데 혹시 남의 것을 강탈한 것이 있다면 그것을 네 배로 계산해서 갚을 뿐 아니라 "가진 것의 절반을 팔아 가난한 자들에게 주겠습니다" 하여 예수님의 '천국 시험'을 쉽게 통과했습니다. 그런 삭개오를 보고 예수님은 "오늘 구원이 이 집에 이르렀다" 하심으로 그가 영생의 천국 사람이 된 것을 선포하셨습니다. 과연 삭개오는 바늘귀를 통과한 낙타, 천국에 들어간 부자, 사람은 할 수 없으나 하나님은 할 수 있는 '불가능한 가능'의 샘플이었습니다.

삭개오가 이처럼 예수님께서 원하시던 바를 자발적으로 고백하고 실천할 수 있었던 것은 그가 '하나님의 능력'에 사로잡혔기 때문에 가능했습니다. 그 능력에 사로잡히면 처음 된 자도 나중이 되고, 부자도 가난한 자가 되며, 자본주의도 사회주의와 손을 잡을 수 있습니다. 억지나 강제가 아닌, 자발과 자원으로 말입니다. 기독교 사회주의는 그런 하나님의 능력에서 평등과 평화 공동체 건설의 가능성을 찾습니다. 신약성서는 그런 하나님의 능력을 '성령'이라 했습니다. 성령을 받으면 그런 능력이 생기기 때문입니다(행 1:8). 오순절 사건과 함께 제자들이 건설했던 '성령 공동체'가 바로 그렇게 해서 가능했습니다.

▷ 웨슬리는 정직하고 근면하게 노력하여 열심히 돈을 벌어 헛된 곳에 쓰지 말고 검박하게 생활하고, 모은 돈을 하나님이 원하시는 방식으로 주변의 어려운 이웃에게 나눠 주라고 설교했다.

나눔과 섬김의
성만찬 공동체

지금은 그렇게 하지 않는 것으로 알고 있습니다만, 20여 년 전 성공회 성만찬식에 참석해서 큰 은혜를 받은 적이 있습니다. 교리적으로는 개신교회와 가깝지만 전례에서는 가톨릭교회에 가까운 성공회의 성만찬식은 가톨릭교회의 그것보다 더 엄숙하고 진지했습니다. 그것은 아마도 한국에 들어온 성공회가 보다 회중적인 '낮은 교회' 계통이 아니라 격조 높은 전례를 선호하는 '높은 교회' 계통이어서였을 것입니다.

그런데 당시 새내기 목회자였던 내게 감동을 준 것은 엄숙한 전례 의식과 내용이 아니라 집전하는 사제의 행동이었습니다. 떡과 포도주를 단지 '기념물'로 보는 개신교회와 달리, 축성하는 순간 떡과 포도주에 그리스도가 임재한다는 신앙을 고백하는 성공회 성만찬식에서 떡과 포도주는 경외와 존경의 대상이었습니다. 그래서 사제는 떡 한 조각, 포도주 한

방울 잘못 흘릴까봐 조심, 또 조심하였습니다.

성찬식과 목사의 권위

그날 사제는 떡 한 덩이와 한 잔의 포도주를 받쳐 들고 회중 앞에 섰습니다. 한 덩이 떡을 떼어 신도들에게 나눠 먹였는데 그것은 개신교회에서 하는 것과 비슷했습니다. 그런데 포도주를 나누는 방법이 달랐습니다. 사제는 제법 큰 잔에 포도주를 가득 담아 앞으로 나온 신도들에게 그 잔을 입에 대서 한 모금씩 마시게 하였습니다. 분잔을 하거나 떡을 포도주에 찍어 나눠 주는 개신교회와 달리 그날 성공회에서는 한 잔에 담긴 포도주를 사제와 신도들이 입을 대고 마셨습니다. 물론 사제는 잔에 남은 신도의 입댄 자국을 수건으로 닦아 내며 다음 신도를 맞았습니다만 지켜보고 있던 내 눈에는 아무래도 위생 문제가 걸렸습니다.

그런데 더욱 놀라운 것은 예식의 마지막 순서였습니다. 분배를 마친 사제가 제단으로 돌아가더니 잔에 남아 있는 포도주를 다 마셔 버리는 것입니다! 개신교회 같으면 남은 포도주는 주로 청년들 차지가 됩니다만 성공회에서는 포도주가 그리스도의 피라서 함부로 해서는 안 된다는 것을 알고는 있었지만 그걸 모두 사제가 마시는 장면에서 큰 충격을 받았습니다. 아무리 보혈이라고는 하지만 사실 신도들이 마시고 남긴 '찌꺼기' 아닙니까?

예식이 끝난 후, 사제의 설명을 들으면서 충격은 감동으로 바뀌었습니다.

초기 사제 시절엔 고민과 갈등도 많았다. 예배에 참석할 신도 수에 맞추어 포도주 양을 맞추기가 쉽지 않았다. 모자라도 안 되지만 너무 많이 남으면 그걸 다 마셔야 하니 그게 더 힘든 일이다. 더욱이 신도들이 잔에 입을 대고 마시는 모습을 바로 코앞에서 지켜보아야 한다. 이가 없는 노인들은 숨을 쉴 때마다 침과 포도주가 입안으로 들락날락한다. 그들 가운데 감기 환자가 없겠는가? 결핵 환자가 없겠는가? 예식을 마치면 잔 밑바닥에 떡과 음식물 찌꺼기가 침전물로 가라앉아 있다. 그걸 한숨에 들이마셔야 한다는 게 보통 용기로는 못할 일이다. 처음엔 요령도 피우고 해보았지만 그걸 마시면서부터 내 믿음도 좋아졌고 신도들이 사제를 보는 눈도 달라졌다. 무어라 할까? 그걸 마시는 순간, '주여, 이제 저는 주님과, 그리고 저들과 비로소 하나가 되었습니다'라는 확신이 생겼다고나 할까?

그날 이후로 성공회 사제들을 존경하게 되었습니다. 신도들은 사제가 나눠 주는 떡과 포도주를 받아먹으면서도 은혜를 받았겠지만 자신들이 먹다 남긴 포도주를 '남김없이' 마시는 사제를 보면서 마음 깊은 곳으로부터 신뢰와 존경을 표했을 것입니다. "우리와 같은 것을 먹었다. 더욱이 우리가 남긴 찌꺼기를 먹었다." 여기서 사제와 신도 사이의 일체감과 신뢰감이 형성될 것입니다. 생각과 풍습이 다른 '여럿이 함께'(com) 한 덩어리 떡과 한 잔의 포도주, 같은 음식을 나누면서 '하나를 이룸'(union)이 성만찬(communion)의 근본정신이 아닐까요?

아무튼 성공회 성만찬식을 보고 난 후 목회에 대한 근본적인 생각을 바꾸게 되었습니다. 그리고 비록 담임 목회는 오래 하지 못했지만 교회 목회를 하는 동안 교인들이 바친 성미(誠米)로 밥을 해먹으려 애썼습니다. 성미는 한국 초대교회 시절부터 교회 부인들이 자기 집에서 밥을 해 먹는 쌀을 조금씩 가져다 교회에 바치던 것인데 최상급 고급미도 있지만 값싼 정부미와 수입쌀까지 있어 모두 한데 섞으면 그야말로 '잡곡'이 됩니다. 재정부에서 "성미 쌀이 별로 좋지 않으니 그것은 가난한 사람 구제하는 데 쓰고 목사님은 좋은 쌀을 사드리겠습니다" 하는 것을 만류하고 굳이 성미를 고집한 것은 그렇게라도 해서 내 설교를 듣는 신도들과 '같은 양식을 먹는다'는 일체감을 느끼려 함이었습니다.

요즘도 가끔 교회의 요청을 받고 가서 집회를 마친 후 신도들과 식사할 때가 있습니다. 저로서는 다른 신도들처럼 줄을 서서 배식을 받는 것이 편한데 굳이 강사 식탁은 따로 마련되어 있다면서 특별한 장소로 인도할 때 곤혹스럽기만 합니다. 미리 푸짐하게 음식을 차려 놓은 식탁에 앉아서 먹노라면 멀리 식판을 들고 줄 서 있는 할머니들이 눈에 띄어 여간 불편한 것이 아닙니다. 이건 그래도 견딜 만합니다. 어떤 경우엔 "당회장님과 함께 자리를 마련했습니다" 하며 별실로 인도하는데, 금박을 한 그릇에 담긴 음식 메뉴가 차원이 다른 것은 물론이고 은수저에 비단 방석까지 놓여 있어 송구스럽기만 합니다. 게다가 식사가 끝날 때까지 여선교회장이 궁녀처럼 드나들며 시중을 드는 것은 견디기 어려운 고문입니다. 이런 대접이 체질적으로 부담스러운 것은 다행일까요? 불행일까요?

유월절 음식으로 준비한 성만찬

성만찬의 유래가 된 예수 그리스도의 '최후 만찬'은 유대인들의 유월절 만찬에서 비롯된 것입니다. 예수님이 지상에서 제자들과 나눈 '마지막 유월절 음식'이 곧 성만찬의 시작이 된 것입니다. 따라서 성만찬의 의미는 유월절 만찬에서부터 찾아야 합니다. 유월절 음식은 이스라엘 백성이 노예 생활을 하던 애굽을 떠나기 전날 저녁, 애굽 사람들의 집에서는 맏아들을 잃고 통곡하며 절규하는 동안, 이스라엘 사람들은 문설주에 어린 양의 피를 바른 집 안에서 "허리에 띠를 띠고 발에 신을 신고 손에 지팡이를 잡고" 먹었던 "구운 양고기와 누룩을 넣지 않고 구운 떡(무교병)과 쓴 나물"(출 12:8-11)에서 유래합니다. 여기에 음료수로 포도주가 첨가되었겠지요. 아무튼 이 음식을 먹은 그날 밤, 이스라엘 백성은 애굽을 떠나 자유와 해방의 몸이 되었습니다. 이후 이스라엘 민족은 이 날을 기념하여 유월절을 지켰는데 민족 공동체 구성원이면 누구든 피할 수 없었던 절대, 최대 명절이었습니다(출 13:1-10).

보통 명절이 되면 그동안 먹어 보지 못했던 진귀한 음식을 장만하고, 평소 입지 않던 화려한 옷을 입는데 이스라엘 민족은 반대로 나그네 복장에다 누룩을 넣지 않은 떡과 쓴 나물을 먹었습니다. 그러니 명절이라고 해서 들떠 있던 아이들이 "뭐 이런 명절이 있어?"라고 묻는 것은 당연하고, 그걸 예견해서 어른들은 만찬 직전에 "여호와께서 애굽 사람에게 재앙을 내리실 때에 애굽에 있는 이스라엘 자손의 집을 넘으사 우리의 집을 구원하셨다"고 유월절과 그 음식의 유래를 설명하도록 법으로 규정하였습니다(출 12:26-27). 그래서 이스라엘 율법 공동체는 매년 유월절만 되면 한 주간 동안 같은 복장으로, 같은 음식을 먹으며 동일한 사건을 회상하였습니다. 부자라고 비싼 고급 요리를 먹고, 노예라고 먹다 버린 찌꺼기를 먹지 않았습니다. 모두가 똑같은 음식을 같은 자리에서 먹었습니다. 특히 일주일 내내 먹어야 했던 무교병은 평소 부드럽고 달짝지근한 음식에 길들어 있던 부자들에겐 고역이었겠지만, 그렇게라도 해서 가난한 이웃들의 음식에 동참함으로 공동체의 '일체감'을 느꼈을 것입니다. 무교병은 과장하거나 부풀리지 않은 소박한 삶을 의미하였습니다.

예수님께서 예루살렘 다락방에서 제자들과 마지막으로 나눈 것이 바로 이런 유월절 음식이었습니다. 이스라엘 민족이 애굽을 탈출하기 직전 마지막 저녁에 온 식구가 함께 유월절 음식을 나누었듯, 예수님도 십자가를 지시기 전 제자들과 마지막 식사를 나누셨습니다. 문설주에 피를 바른 유월절 희생양처럼 '흠 없는' 어린 양으로 피를 흘려 십자가 기둥에 바르시기 전날 밤, 예수님은 유월절 음식 무교병을 떼어 제자들에게 나눠 주셨습니다.

받아서 먹으라 이것은 내 몸이니라 ○마태복음 26장 26절

그날, 제자들이 먹은 것은 떡이 아니라 그리스도의 몸이었습니다. 음식에 따라 체질은 바뀌게 되어 있습니다. 만나를 먹으면 만나 체질이 되고 메추라기를 먹으면 메추라기 체질이 됩니다. 이제 그리스도 떡을 먹었으니 그리스도 체질로 바뀌어야 합니다. 누차 강조한 것입니다만 떡은 말

씀입니다(신 8:3, 마 4:4). 그리스도의 말씀을 누구보다 가까이서 들은 제자들이니 그리스도의 몸이 되어야 할 것은 당연합니다. 출신 성분과 배경이 서로 다른 그들이었으나 모두 '같은 입에서 나오는 동일한 말씀'을 들었기에 '한 몸'이 되어야 할 것도 당연하였습니다.

그러고 나서 예수님은 유월절 음료 포도주를 제자들에게 나눠 주셨습니다.

> 너희가 다 이것을 마시라 이것은 죄 사함을 얻게 하려고 많은 사람을 위하여 흘리는 바 나의 피 곧 언약의 피니라 ○마태복음 26장 27-28절

떡이 말씀이라면 피는 생명을 의미합니다(레 17:11). 유월절 희생양처럼 예수님도 십자가에서 그 피를 흘려 남의 생명을 살리셨습니다. 생명을 희생하여 생명을 살린 것입니다. 그러므로 떡을 먹고 체질이 바뀌듯 피를 마시고 생명을 바꾸는 것은 당연합니다. 그리스도의 피를 마신 제자들은 그리스도의 생명을 사는 사람들이 되어야 합니다. 부모로부터 받은 육적인 생명은 서로 다른 제자들이지만 이제 '같은 음료'를 마셨으니 '같은 생명'을 살아야 할 것은 당연합니다.

나눔과 섬김의 성만찬 공동체

성만찬과 관련하여 주님께서 주신 말씀입니다.

내 살을 먹고 내 피를 마시는 자는 영생을 가졌고 마지막 날에 내가 그를 다시 살리리니 내 살은 참된 양식이요 내 피는 참된 음료로다 내 살을 먹고 내 피를 마시는 자는 내 안에 거하고 나도 그의 안에 거하나니 살아 계신 아버지께서 나를 보내시매 내가 아버지로 말미암아 사는 것 같이 나를 먹는 그 사람도 나로 말미암아 살리라 ㅇ요한복음 6장 54-57절

결국 우리가 성만찬에 참여하여 피와 포도주를 마시는 것은 그리스도를 우리 안에 "모시는" 거룩한 의식입니다. 이런 의식을 통해 우리는 "그분이 내 안에, 내가 그분 안에"라는 신비로운 '합일'을 체험하게 됩니다. 그 결과 우리의 '육적인' 생명과 체질이 '영적인' 생명과 체질로 바뀌어 생각과 의지, 말과 행동이 자연스럽게 그리스도의 것으로 바뀌게 됩니다. 체질 개선, 아니 체질 변혁이라고 할 수 있겠지요. 그런데 육신을 갖고 살아야 할 우리로서 그것은 쉽지 않은 일입니다. 그래서 주기적으로 밥을 먹어 육신의 생명을 연장하듯 주기적으로 성만찬에 참여하여 영적인 생명을 이어가야 할 이유가 여기 있습니다.

이처럼 예수님께서 최후의 만찬을 통해 보여 주신 성만찬의 근본 의미는 "그리스도의 생명과 말씀 안에서 하나님과 하나 되고, 이웃과 하나 됨"입니다. 신분이나 계층 차이 때문에 육적으로는 도저히 하나 될 수 없는 사람들이 '같은' 그리스도 음식을 나누는 과정에서 하나가 됩니다. 성만찬에 참여하는 이들이 떡과 포도주를 받기 전에 먼저 회개의 기도를 하고, 화해와 평화의 인사를 나누는 것도 그런 뜻에서입니다. "내가 너희를 사랑한 것같이 너희도 서로 사랑하라"(요 13:34)는 새 계명

과 함께 그리스도의 몸과 피를 모신 처지에 서로 미워하고 증오한다면 그것은 '독성죄'(瀆聖罪)에 해당합니다. 성만찬에 참여한 교인들이 주의하고 경계할 대목입니다.

바울이 성만찬과 관련하여 고린도 교인들을 신랄하게 책망한 것도 그 때문입니다(고전 11:17-34). 소위 성령의 은사를 많이 받았다고 자랑하는 고린도 교인들이 파당을 만들어 분쟁을 일삼으며 성만찬 예식에 참여한 것도 문제지만, 더욱 심각한 것은 "어떤 사람은 시장하고 어떤 사람은 취하는" 현상이 나타난 것입니다. 바울이 지적한 것처럼, "자기의 만찬을 먼저 갖다 먹음으로" 나중엔 먹을 것이 없어 굶는 교인들이 생긴 것입니다. 아마 교인들 사이에 서열이 있어 순서대로 하다 보니 그런 결과가 나온 것 같습니다. 예식 때마다 그런 식으로 하다 보니 먼저 먹는 사람들은 언제나 배부르고 만취 상태인데 뒷사람들은 음식 맛도 보지 못하는, 불공평한 현상이 반복된 것입니다. 그런 사실을 보고 받고 바울이 얼마나 화가 났던지 이렇게 썼습니다.

> 너희가 먹고 마실 집이 없느냐 너희가 하나님의 교회를 업신여기고 빈궁한 자들을 부끄럽게 하느냐 내가 너희에게 무슨 말을 하랴 너희를 칭찬하랴 이것으로 칭찬하지 않노라 ○고린도전서 11장 22절

파당을 만들어 서로 미워하면서 성만찬에 참석한 것도 죄지만, 같은 예식에 참석해서 누구는 배 터지게 먹고, 누구는 굶어야 했다는 것이 더욱 큰 죄였습니다. 함께 음식을 나눠야 할 이웃에 대한 관심이나 배려 없

이 "내 배만 부르면 되지" 하는 이기적인 욕심 때문에 생긴 현상이었습니다. 성만찬은 음식을 '같은 종류'로 나누는 것 외에 '같은 양'으로 나눠야 한다는 것을 망각한 것입니다. 그래서 바울은 이렇게 충고합니다.

그런즉 내 형제들아 먹으러 모일 때에 서로 기다리라 만일 누구든지 시장하거든 집에서 먹을지니 이는 너희의 모임이 판단 받는 모임이 되지 않게 하려 함이라 ○고린도전서 11장 33-34절

"음식이 떨어지기 전에 먼저 갖다 먹자." 이는 세상 사람들이 세상적으로 하는 말입니다. 하지만 성만찬에 참여하는 교인이라면 모름지기 이렇게 해야 합니다. "내가 굶더라도 저 사람을 먼저 먹이자." 남을 배려하는 정도가 아니라 섬겨야 합니다. 예수님께서 본을 보이셨던 성만찬 공동체는 나눔과 함께 섬김을 기본 요소로 삼고 있습니다. 주님께서 최후의 만찬을 하시던 도중, 일어나 대야에 물을 떠다가 제자들의 발을 씻겨 주신 후, "내가 주와 또는 선생이 되어 너희 발을 씻었으니 너희도 서로 발을 씻어 주는 것이 옳으니라"(요 13:14) 하신 것이 그 때문입니다. 고린도 교인들 사이엔 그런 섬김이 없었던 것입니다.

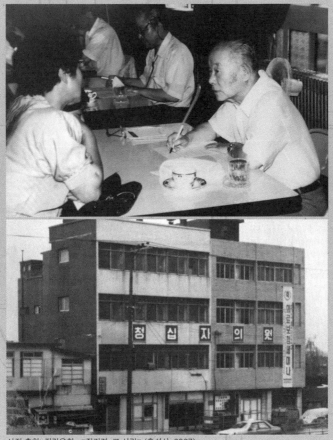

사진 출처: 지강유철, 《장기려, 그 사람》(홍성사, 2007)

▷ 예수님께서 본을 보이셨던 성만찬 공동체는 내가 굶더라도 이웃을 먼저 먹이는 나눔과 섬김을 기본 요소로 삼았다. 사진은 평생 무의촌 의료봉사를 했다고 해도 과언이 아닐 만큼 오랫동안 무의촌 진료를 했던 성산 장기려 박사(위).

▷ 돈이 없어 병 못 고치고 죽는 사람이 없도록 장기려 박사는 정부에서 의료보험 문제에 관심을 갖기 이미 10년 전에 의료보험운동을 시작했다. 사진은 청십자의료보험조합의 진료소로 사용하던 청십자의원 전경(아래).

11

오순절
성령 공동체

사실 예수님께서 최후 만찬을 통해 부탁하신 '나눔과 섬김으로 하나
됨'은 당시 제자들에게 사다리가 없어 오를 수 없는 다락 같은 것이었습니
다. 말 그대로 "마음에는 원이로되 육신이 약하여"(마 26:41) 실행할 수 없
는 과제였습니다. 그 점은 주님도 잘 알고 계셨습니다. 그럼에도 포기하지
않으시고 '최후의 만찬'과 '최후의 말씀'을 베푸신 것은, 그들의 의지와 능
력을 기대한 것이 아니었습니다. 오직 한 가지, '보혜사' 성령님이었습니다.

보혜사 성령이 임하기까지

주님은 이 세상에서 제자들과 나눈 마지막 만찬석상에서 보혜사 성

령님에 대해 반복해서 말씀하셨습니다.

> 내가 아버지께 구하겠으니 그가 또 다른 보혜사를 너희에게 주사 영원토
> 록 너희와 함께 있게 하리니 그는 진리의 영이라 ㅇ요한복음 14장 16-17절

> 보혜사 곧 아버지께서 내 이름으로 보내실 성령 그가 너희에게 모든 것을
> 가르치고 내가 너희에게 말한 모든 것을 생각나게 하리라
> ㅇ요한복음 14장 26절

> 내가 아버지께로부터 너희에게 보낼 보혜사 곧 아버지께로부터 나오시는
> 진리의 성령이 오실 때에 그가 나를 증언할 것이요 너희도 처음부터 나와
> 함께 있었으므로 증언하느니라 ㅇ요한복음 15장 26-27절

> 내가 떠나가는 것이 너희에게 유익이라 내가 떠나가지 아니하면 보혜사
> 가 너희에게로 오시지 아니할 것이요 가면 내가 그를 너희에게로 보내리니
> 그가 와서 죄에 대하여, 의에 대하여, 심판에 대하여 세상을 책망하시리라
> ㅇ요한복음 16장 7-8절

지금은 안 되지만 보혜사 성령이 오시면 제자들은 그리스도의 말씀
을 기억하고, 그 말씀에 담긴 진리를 깨닫고, '하나님의 아들'이신 그리스
도를 믿게 되고, 그 '믿음 안에서' 말씀대로 살아 그리스도께서 하시던
일을 할 수 있을 뿐 아니라 "그보다 큰일도 하리라"(요 14:12)라고 약속하

셨습니다. 여기서 한글로 '보혜사'(保惠師)라 번역한 헬라어 '파라클레토스'(parakletos)는 '옆에서'(para) '말해 주는 이'(kletos)를 의미하는데 흔히 '조언자', '변호사', '대변인', '도우미' 등으로 해석됩니다. 우리에게 성령의 역할이 그러하다는 뜻입니다. 하고는 싶으나 혼자 힘으로 되지 않을 때 누군가 옆에서 길을 가르쳐 주고, 잡아 주고, 끌어 주면 할 수 있는 것처럼 하나님께로부터 비롯된 진리의 영이 우리에게 임하면 우리는 그리스도가 하나님의 아들이신 것을 믿게 되고, 그 말씀을 깨달아 그 말씀대로 행하여 말씀에 담긴 하나님의 뜻을 온전히 이룰 수 있게 되는 것입니다.

무릇 사람이 할 수 없는 것을 하나님은 하실 수 있느니라
○ 누가복음 18장 27절

그러니 제자들이 할 일은 '성령이 임하기까지' 기다리는 것이었습니다. 그 능력을 힘입지 않고는 아무 일도 할 수 없을 것이기 때문입니다. 그래서 부활하신 주님께서는 제자들에게 간곡하게 부탁하셨습니다.

내가 내 아버지께서 약속하신 것을 너희에게 보내리니 너희는 위로부터 능력으로 입혀질 때까지 이 성에 머물라 ○ 누가복음 24장 49절

예루살렘을 떠나지 말고 내게서 들은 바 아버지께서 약속하신 것을 기다리라 요한은 물로 세례를 베풀었으나 너희는 몇 날이 못 되어 성령으로 세례를 받으리라 ○ 사도행전 1장 4-5절

이 말씀에 순종하여 제자들은 예루살렘을 떠나지 않고 함께 모여 기도하며 기다렸습니다. 그리고 마침내 약속했던 성령이 그들에게 임하였습니다.

오순절, 성령강림의 '방언' 사건

> 오순절 날이 이미 이르매 그들이 다 같이 한 곳에 모였더니 홀연히 하늘로부터 급하고 강한 바람 같은 소리가 있어 그들이 앉은 온 집에 가득하며 마치 불의 혀처럼 갈라지는 것들이 그들에게 보여 각 사람 위에 하나씩 임하여 있더니 그들이 다 성령의 충만함을 받고 성령이 말하게 하심을 따라 다른 언어들로 말하기를 시작하니라 ○사도행전 2장 1-4절

성령이 임하면서 제자들에게 나타난 첫 번째 현상은 '이상한 언어'였습니다. 제자들의 입에서 자기들도 알아들을 수 없는, 서로 '다른' 언어들이 나온 것입니다. 이를 방언(方言)이라 부릅니다. 성서에서 방언으로 번역되는 헬라어 '글로싸'(glossa)는 '혀', '말', '언어'를 뜻합니다. 그냥 입에서 나오는 말이란 뜻이지요. 그런데 문제는 그날 제자들의 입에서 나온 말이 그 형식이나 내용에서 상식과 전혀 다른 것이라는 점이었습니다. 우선 그것은 그들의 말이 아니었습니다. 그들은 통제할 수 없는 어떤 '외부적' 힘에 끌려 말을 '쏟아낼' 뿐이었습니다. 자기 의지와 상관없이

움직이는 혀와 입술로 언어가 만들어지고 있었습니다. 그들은 직감적으로 이것이 주님께서 약속하신 '보혜사 성령'이 그들에게 임하였다는 증거이고 이상한 언어는 그 능력에서 비롯된 것임을 깨달았습니다. 그래서 방언은 '신의 언어'입니다.

그런데 문제는 자기 입에서 나오는 말인데도 알아들을 수 없다는 것입니다. 그건 한 번도 배운 적이 없는 '외국어'였습니다. 그러나 그곳엔 그걸 알아들을 수 있는 사람들이 있었습니다. 오순절 절기를 지키기 위해 유럽과 아시아 각지에서 예루살렘을 찾은 디아스포라 유대인들이었습니다. 유대인이지만 이방인 지역에서 태어나 이방인 세계에서 자랐기에 제자들의 모국어인 아람어나 히브리어를 할 수 없었던 이들은 "각 사람이 난 곳 방언으로"(행 2:8) 제자들의 말을 들었습니다. 문법도, 발음도 정확했습니다. 제자들의 언어는 서로 달랐지만 메시지는 동일하였습니다. 그것은 하나님의 아들 예수 그리스도의 탄생과 죽음과 부활에 관한 것이었습니다. 개인적인 것은 전혀 포함되지 않았습니다. 그걸 듣는 모든 사람들은 그리스도가 어떤 분인지, 왜 그분을 믿어야 하는지 알게 되었습니다. 그 방언을 듣고 믿고 따르는 사람들이 생겨났습니다. 그래서 방언은 '사람의 언어'가 되었습니다.

이런 식으로 제자들은 오순절 성령강림과 함께 '다른 언어'를 말하기 시작했습니다. 언어는 사상과 이념을 담아내는 그릇입니다. 언어가 바뀌면 생각과 행동도 바뀌게 되어 있습니다. 다른 언어를 말하기 시작한 제자들이 '다른 행동'을 취하게 된 것은 당연합니다. 우선 그들은 성령을 받기 전까지 그리스도에 대한 온전치 못했던 믿음이 확고해졌습니다. 누가 뭐라 해도 그들에게 예수님은 확실한 하나님의 아들 그리스도였습니다. 십자가 현장에서 도망쳤던 그들이지만 이제는 목숨을 내놓고 그리스도를 증언하게 되었습니다. 그리고 증언한 대로 살았습니다. 그 결과 구경만 했던 기적이 그들에게도 나타났습니다(행 3:1-10). 그것은 누룩처럼 번져 나갔습니다.

이런 변화와 공동체 형성의 주역은 제자들이 아니라 그들에게 임한 성령이었습니다. 과연 주님께서 말씀하신 대로 성령은 '보혜사'로 그들에게 임하여 그들로 하여금 그리스도를 구주로 믿고 고백하게 만들었고, 그리스도의 말씀을 기억하여, 그 말씀을 깨닫고 말씀대로 실천할 수 있는 용기와 능력을 주었습니다. 그리고 이들의 증언을 듣고 거기 동참하는 이들이 늘어났습니다. 새로운 공동체가 형성된 것입니다. 이들은 그리스도의 말씀을 삶의 기본으로 삼았습니다. 그래서 '말씀 공동체'라 하였고 그것을 가능케 만든 것은 성령의 의지와 능력이기 때문에 '성령 공동체'라고도 하게 된 것입니다. 그리하여 성령에 이끌려 말씀대로 살아가는 그리스도인들의 모임이 만들어졌으니, 바로 교회(ecclesia)의 시작입니다. 교회가 존재하는 한, 그것은 언제나 말씀 공동체이고 성령 공동체여야 할 이유가 여기 있습니다.

성령 공동체, 기독교 사회주의의 근거

사도행전은 오순절 성령강림 사건을 언급한 후, 이를 계기로 형성된 말씀 공동체, 성령 공동체의 모습을 다음과 같이 묘사하였습니다.

> 사람마다 두려워하는데 사도들로 말미암아 기사와 표적이 많이 나타나니
> 믿는 사람이 다 함께 있어 모든 물건을 통용하고 또 재산과 소유를 팔아
> 각 사람의 필요를 따라 나눠 주며 날마다 마음을 같이하여 성전에 모이기
> 를 힘쓰고 집에서 떡을 떼며 기쁨과 순전한 마음으로 음식을 먹고 하나님
> 을 찬미하며 또 온 백성에게 칭송을 받으니 주께서 구원받는 사람을 날마
> 다 더하게 하시니라 ○사도행전 2장 43-47절

> 믿는 무리가 한마음과 한뜻이 되어 모든 물건을 서로 통용하고 자기 재
> 물을 조금이라도 자기 것으로 하는 이가 하나도 없더라 사도들이 큰 권
> 능으로 주 예수의 부활을 증언하니 무리가 큰 은혜를 받아 그 중에 가난
> 한 사람이 없으니 이는 밭과 집 있는 자는 팔아 그 판 것의 값을 가져다
> 가 사도들의 발 앞에 두매 그들이 각 사람의 필요를 따라 나누어 줌이라
> ○사도행전 4장 32-35절

사도들의 말씀 증거와 이에 따른 이적과 표적, 찬미와 예배 등 종교적
현상과 함께 신도들의 공동체적 생활이 언급되고 있습니다. 그 공동체 생
활은 다음 세 가지 특징으로 정리할 수 있습니다.

• 첫째, 믿는 사람들이 한마음과 한뜻으로 다 함께 모여 살면서 모든
  물건을 통용하였다.

- 둘째, 모든 사람이 자기 재산을 팔아 사도들에게 바쳤고 자기 소유를 주장하지 않았다.

- 셋째, 사도들은 그것을 각자 필요에 따라 나누어 주어 그들 중에 가난한 사람이 없었다.

요약하면, 물질의 공동 소유와 공동 사용, 공동 분배가 이루어진 것입니다(이들에게 '공동 생산' 항목이 없었던 것은 그들이 임박한 그리스도의 재림과 심판을 믿는 종말론적 공동체였기 때문이다). 그 결과 공동체 안에는 부자도, 가난한 사람도 없이 모두 균등한 생활을 할 수 있었습니다. 그것은 물론 '믿는' 부자들이 자기 소유를 팔아 공동체에 들여놓았기 때문에 가능했습니다. 삭개오처럼 '바늘귀를 통과한 낙타', 천국에 들어간 부자들이 있었던 것입니다. 그들은 더 이상 자기 소유를 주장하지 않았습니다. 부자들로 하여금 이렇게 결단하도록 만든 것도, 공동체에 참여한 모든 사람들이 '한마음과 한뜻'으로 평등 공동체를 이룰 수 있었던 것도 물론 성령의 능력이었습니다. 성령이 그들 가운데 임하심으로 이 모든 일이 가능했던 것입니다.

그런데 알고 보면, 오순절 성령강림 사건과 함께 형성된 말씀 공동체, 성령 공동체는 예수님께서 제자들에게 그토록 비유를 통해 자주 말씀하신 천국, 하나님 나라, 바로 그것이었습니다. 비유의 말씀에 들어 있던 그 나라가 성령의 능력으로 지상 현실에 세워진 것입니다. 그리고 그것은 예수님께서 최후의 만찬석상에서 제자들에게 당부하신 성만찬 공동체의 실현이었고, 세례 요한이 몸으로 표현한 에세네 공동체, 구약의 예언자들이 꿈꾼 메시아 공동체, 모세의 율법에 예시된 만나 공동체와 안식년 공동체, 희년 공동체의 구현이었습니다. 그리하여 오랜 인류와 이스라엘 역사에서 수없이 시도하였다가 실패한 '하나님의 나라'가 지상에 건설되었으니, "네 마음을 다하고 목숨을 다하고 뜻을 다하여 주 너의 하나님을 사랑하라" 그리고 "네 이웃을 네 자신과 같이 사랑하라"는 하나님의 계명이 성령 공동체 안에서 완벽하게 이루어진 것입니다.

기독교 사회주의는 바로 이 초대교회 오순절 성령 공동체에서 그 근거와 가능성을 찾습니다. 그날, 그곳에서 성령이 임함으로 불가능했던 일들이 가능하게 된 것처럼 오늘, 이곳에서도 동일한 성령의 능력으로 같은 일이 이루어질 수 있기 때문입니다. 그래서 역사적으로, 그리고 지금도 기독교 사회주의를 추구하는 이들은 성부 하나님의 거룩하신 뜻이, 성자 예수 그리스도의 말씀을 통해, 성령의 능력으로 이 땅에 이루어질 수 있음을 믿고 그 믿음 안에서, "믿는 사람이 다 함께 있어 모든 물건을 통용하고 또 재산과 소유를 팔아 각 사람의 필요를 따라 나눠 주며 날마다 마음을 같이하여 성전에 모이기를 힘쓰고 집에서 떡을 떼며 기쁨과 순전한 마음으로 음식을 먹고 하나님을 찬미하며 또 온 백성에게 칭송을 받는" 공동체를 구현하기 위해 노력합니다. 곧 "내가 너희를 사랑한 것같이 너희도 서로 사랑하라"(요 13:34)는 주님의 지상명령에 따라 이 세상에서 가난하고 외로운 사람들과 나눔을 실천하며 살아가는 믿음의 사람들입니다.

▷ 1903년 창설된 황성기독교청년회(YMCA)는 봉건시대 한 자리에 모일 수 없었던 양반과 상민들이 함께 손을 잡고 복음 전도와 사회 구원을 위해 일할 수 있는 공간이 되었다. 사진은 1910년 황성기독교청년회 회원 야유회(서울 근교)의 모습으로 양반 출신 이상재와 남대문 숯장수 출신 전덕기 목사가 나란히 등장한다. 기독교는 이처럼 구별과 차별이 많았던 한국 땅에서 서양인과 동양인, 양반과 상민, 갓 쓰고 두루마기 입은 사람과 단발에 양복 입은 사람, 남성과 여성이 함께 손잡고 이 땅에 하나님 나라를 건설하는 신앙 공동체를 구현하였다.

▷ 로마제국 시대 기독교인들은 박해를 피해 카타콤에 모여 예배를 드렸다. 사진은 카타콤 공동체 표식으로 유대인(비늘 있는 물고기)과 이방인(비늘 없는 물고기)의 연합을 상징한다.

12 새 하늘과
　　　새 땅을 그리며

　많은 세월이 흘렀는데도 기독교계뿐 아니라 일반 사회에도 큰 파장을 일으킨 다미선교회 시한부종말론 사건이 아직도 생생합니다. 1992년 10월 28일 자정을 기해 세상에 종말이 오고, 그리스도의 재림과 함께 소위 '휴거'(携擧)라 하여 공중으로 들려 올려질 것이라 믿었던 다미선교회 신도 1천여 명이 그날 밤 서울 마포구 성산동 한 건물에 모여 흰옷을 입고 '광란의' 찬송을 부르고 기도하는 장면이 텔레비전 방송을 통해 고스란히 생중계 되었으니까요. 그날 밤 현장을 취재했던 어느 언론사 기자의 글입니다.

　자정으로 운명의 카운트다운이 시작됐다. 십, 구, 팔… 삼, 이, 일, 땡! 교회는 찬송가도 기도 소리도 없이 조용했다. 목소리 큰 한 방송사의 리

포터가 손나발을 만들어 "휴거 됐어요?" 외치자 잠시 후 하얀 휴거 복장을 한 중학생이 비좁은 유리창 사이로 고개를 삐죽 내밀었다. 그리고 말했다. 교회 안과 밖의 첫 대화였다. "휴거요? 누가요? 나도 원래 안 믿었어요." 사뭇 심각한 얘기가 나올 줄 알고 침을 삼켰던 보도진과 구경꾼들은 일제히 "와하하하" 하며 폭소를 터뜨렸다. 세상에 저런 코미디도 있을까 하는 생각에 일순간 온몸의 기운이 쭉 빠졌다.

그 시각 다미선교회를 이끌던 목사는 사기 및 외환관리법 위반 혐의로 체포되어 재판을 받고 한 달째 복역 중이었는데 휴거가 이루어지지 않은 것에 대해 "계시는 에러였다"는 무책임한 말 한 마디로 모두를 실망시켰습니다. 그것으로 상황은 종결되었고 언론은 이것을 희대의 사기극으로 정리하였습니다. 이 사건으로 기독교계가 입은 피해는 상당합니다. 미미했던 안티 기독교 운동이 세를 얻게 된 것도 이때부터였다고 봅니다. 아무튼 다미선교회 사건은 2천년 기독교 역사에서 항상 그러했듯, "아무 날, 아무 곳에 예수가 재림한다" 혹은 "내가 재림주다" 선전하며 신도들의 재물을 끌어모았던 시한부 종말론자들의 모든 시도는 실패(에러)로 끝나고 만다는 사실을 재확인해 주는 계기가 되었습니다.

과연 누가 천국에 들어갈 수 있는가?

그런데 다미선교회 에러 열풍이 지나간 지 10년이 훨씬 넘었는데도 오늘 한국 교회 안에는 여전히 왜곡된 재림 신앙과 종말론에 사로잡힌 사람들이 사이비 단체들을 만들어 거짓 교리로 교인들을 현혹하고 사회에 혼란을 조장하고 있습니다. 기독교는 처음 출발부터 그러했던 것처럼 '이단과 함께하는' 역사를 피할 수 없나 봅니다. 하긴, 예수님도 제자들에게 하신 산상설교의 끝 부분에서 "거짓 선지자들을 삼가라, 양의 옷을 입고 너희에게 나아오나 속에는 노략질하는 이리라"는 경고와 함께 마지막 날 일어날 현상에 대해 이렇게 말씀하셨지요.

> 그 날에 많은 사람이 나더러 이르되 주여 주여 우리가 주의 이름으로 선지자 노릇 하며 주의 이름으로 귀신을 쫓아내며 주의 이름으로 많은 권능을 행하지 아니하였나이까 하리니 그때에 내가 그들에게 밝히 말하되 내가 너희를 도무지 알지 못하니 불법을 행하는 자들아 내게서 떠나가라 하리라 ○마태복음 7장 22-23절

그래서 이단 교리일수록 솔깃하고 사이비 집회일수록 이적과 기사가 많이 일어나는 것인지도 모르겠습니다. 정말 그리스도의 이름으로 자행되는 거짓 선지자들의 모임에 빠져들지 않도록 주의해야 하겠습니다. 사도 바울의 경고처럼 말세에는 "믿음에서 떠나 미혹하는 영과 귀신의 가르침"(딤전 4:1)이 유행한다고 했으니 정말로 하나님의 영과 거짓 선지자를 구별할 수 있는 '영의 분별력'(요일 4:1)이 필요할 때입니다. 영을 분별하는 방법이 여러 가지가 있겠지만 나는 예수님께서 가르쳐 주신 방법이 제일 정확하다고 봅니다.

좋은 나무가 나쁜 열매를 맺을 수 없고 못된 나무가 아름다운 열매를 맺
을 수 없느니라 그들의 열매로 그들을 알리라 ○마태복음 7장 18-20절

예수님의 방법은 간단하면서도 확실했습니다. 열매를 보고 나무를 판
단하라는 것입니다. 열매는 '입'이 아니라 '손'입니다. '이론'이 아니라 '실
천'입니다. 따라서 신앙이나 신학의 '건전성' 여부는 그것을 고백하는 사
람의 실제 삶을 보고 판단할 일입니다. 그러니 누가 어떤 이론이나 주장
을 펴면 곧바로 수용 여부를 결정할 것이 아니라 그런 말을 한 사람이
평소 자기가 말한 그대로 살고 있는지, 또 그렇게 산 결과가 어느 개인이
나 집단의 명예나 유익을 위해서가 아니라, 진실로 하나님의 영광을 세
상 가운데 드러내는 것인지 여부를 보아 판단해야 할 것입니다. 결과를
보고 원인을 판단하라는 말입니다. 그래서 예수님은 마지막 심판 때 '천
국'에 들어갈 수 있는 자격을 이렇게 규정하셨습니다.

나더러 주여 주여 하는 자마다 다 천국에 들어갈 것이 아니요 다만 하늘
에 계신 내 아버지의 뜻대로 행하는 자라야 들어가리라 ○마태복음 7장 21절

고백하는 믿음이 아니라 실천하는 믿음, 그것이 '천국 입장권'이라고
하셨습니다. 그런 입장권을 가진 사람은 (죽어서가 아니라) 살아서 이 땅에
서 천국 생활을 누릴 수 있습니다. 지상의 '작은 천국'인 교회가 바로 그
런 실천 신앙, 믿으면 그대로 행하는 사람들의 모임이 되어야 할 것은 당
연합니다. 그런데 교회 현실이 그렇지 못한 것이 문제입니다. 특히 한국

교회는 언제부턴가 강단에서 "믿으면 아멘!"이란 구호를 주문처럼 외치면서도 교인들의 개인 윤리와 사회 윤리, 책임 윤리를 강조하는 설교는 들어볼 수 없게 되었습니다. 그 대신 물질적인 풍요와 세속적인 출세, 명예와 권력에 대한 기복적 간구와 약속이 기도와 설교의 주요 내용이 되고 말았습니다.

기복신앙 자체가 나쁘다는 말은 아닙니다. 다만 어떤 복을 비느냐 하는 것이 문제입니다. 같은 복이라도 신약에서 예수님이 산상보훈에서 언급하신 가난과 슬픔, 온유와 굶주림, 긍휼과 청빈, 평화와 핍박으로 얻을 복(마 5:3-10)은 언급도 하지 않고 구약에서 모세의 율법이 규정한 그리심산의 축복(신 28:1-14), 즉 토지와 소산, 자식과 가축, 권력과 명예의 물질적이고 세속적 풍요만을 하나님의 축복이라 선전하고 있습니다. 그러다 보니 점차 교회는 이미 부자이거나 성공한 사람, 부자나 출세를 위해 찾아오는 사람들도 채워지게 되었고 가난하고 실패한 사람들의 설 자리는 좁아졌습니다. 교회 안에서조차 부자와 가난한 자, 성공한 자와 실패한 자의 자리가 구별되고 대우도 달라졌으니 교회는 더 이상 가난하고 소외된 사람들에게 천국이랄 수 없는 곳이 되어버렸습니다. 교회의 이런 부조리 현상은 이미 '성령 공동체' 역사로 알려진 초대교회 시절부터 있었던 것 같습니다. 그것은 오순절 성령강림으로 세워진 첫 번째 교회, 예루살렘 교회의 담임자였던 사도 야고보의 기록에서 알 수 있습니다.

> 만일 너희 회당에 금가락지를 끼고 아름다운 옷을 입은 사람이 들어오고 또 남루한 옷을 입은 가난한 사람이 들어올 때에 너희가 아름다운 옷

을 입은 자를 눈여겨보고 말하되 여기 좋은 자리에 앉으소서 하고 또 가
난한 자에게 말하되 너는 거기 서 있든지 내 발등상 아래에 앉으라 하면
너희끼리 서로 차별하며 악한 생각으로 판단하는 자가 되는 것이 아니냐
○야고보서 2장 2-4절

교회 안에서 자행되는 빈부차별에 대한 야고보의 경고는 계속됩니다.

내 사랑하는 형제들아 들을지어다 하나님이 세상에서 가난한 자를 택하
사 믿음에 부요하게 하시고 또 자기를 사랑하는 자들에게 약속하신 나
라를 상속으로 받게 하지 아니하셨느냐 너희는 도리어 가난한 자를 업신
여겼도다 부자는 너희를 억압하며 법정으로 끌고 가지 아니하느냐 그들
은 너희에게 대하여 일컫는 바 그 아름다운 이름을 비방하지 아니하느
냐 너희가 만일 성경에 기록된 대로 네 이웃 사랑하기를 네 몸과 같이
하라 하신 최고의 법을 지키면 잘하는 것이거니와 만일 너희가 사람을
차별하여 대하면 죄를 짓는 것이니 율법이 너희를 범법자로 정죄하리라
○야고보서 2장 5-9절

야고보는 교회에서만큼은 빈부차별이 없어야 한다고 강조하였습니다.
그러기 위해서는 재물에 여유가 있는 교인들의 각성, 즉 실천적 신앙이
필요했습니다.

내 형제들아 만일 사람이 믿음이 있노라 하고 행함이 없으면 무슨 유익

이 있으리요 그 믿음이 능히 자기를 구원하겠느냐 만일 형제나 자매가 헐벗고 일용할 양식이 없는데 너희 중에 누구든지 그에게 이르되 평안히 가라, 덥게 하라, 배부르게 하라 하며 그 몸에 쓸 것을 주지 아니하면 무슨 유익이 있으리요 이와 같이 행함이 없는 믿음은 그 자체가 죽은 것이라

○ 야고보서 2장 14-17절

여기서 그 유명한, "행함이 없는 믿음은 죽은 믿음"이란 명제가 나온 것입니다. 야고보가 이처럼 강력하게 행함을 요구한 대상은 빈자나 소외계층이 아닙니다. 그들은 베풀려 해도 베풀 것이 없기 때문입니다. 행해야 할 사람은 베풀 수 있는 여유를 지닌 부자와 기득권층입니다. 그런데 그들이 움직이지 않습니다. 그래서 야고보는 분노합니다.

들으라 부한 자들아 너희에게 임할 고생으로 말미암아 울고 통곡하라 너희 재물은 썩었고 너희 옷은 좀먹었으며 너의 금과 은은 녹이 슬었으니 이 녹이 너희에게 증거가 되며 불같이 너희 살을 먹으리라 너희가 말세에 재물을 쌓았도다 ○ 야고보서 5장 1-3절

좀먹은 옷과 녹이 슨 동전은 쌓아 놓은 재물을 의미합니다. 사용하지 않고 오랜 세월 쟁여 놓은 결과 좀먹고 녹이 슬어 버린 것입니다. 그냥 쌓아 둔 것이 아니라 자신은 호의호식하면서 입을 것이 없어 헐벗고 먹을 것이 없어 굶주리는 이웃을 외면하고 재물을 쌓아 둔 '사악한' 부자에 대한 분노입니다. 재물을 나눠 주지 않는 것만도 그나마 다행인 경

우가 있습니다. 어떤 기독교인 기업가는 자기 공장 노동자들에게 정당한 임금도 지불하지 않고 노동자들에게 돌아갈 분배금으로 비자금을 조성하고 그중 일부를 꺼내 하나님 축복을 받겠다며 교회에 헌금하는 경우도 있습니다. 이런 부당한 처사에 항의하고 이의를 제기하는 노동자들은 가차없이 해고하고 불이익을 줍니다. 이런 부자들에 대해 야고보는 저주에 가까운 경고를 내립니다.

> 보라 너희 밭에서 추수한 품꾼에게 주지 아니한 삯이 소리 지르며 그 추수한 자의 우는 소리가 만군의 주의 귀에 들렸느니라 너희가 땅에서 사치하고 방종하여 살육의 날에 너희 마음을 살찌게 하였도다 너희는 의인을 정죄하고 죽였으나 그는 너희에게 대항하지 아니하였느니라
>
> ○ 야고보서 5장 4-6절

이런 경고가 반드시 부자나 기득권층만을 대상으로 한 것은 물론 아닙니다. 재물의 소유 여부를 떠나 모름지기 그리스도의 은총을 입어 하나님의 자녀가 된 사람이면 누구나 실천해야 할 믿음의 본분입니다. 주변의 어려운 환경에 처한 이웃을 외면하지 말고 서로 나누며 살라는 야고보의 권면입니다.

> 하나님 아버지 앞에서 정결하고 더러움이 없는 경건은 곧 고아와 과부를 그 환난 중에 돌보고 또 자기를 지켜 세속에 물들지 아니하는 그것이니라
>
> ○ 야고보서 1장 27절

세속에 물들지 않은 순결한 영성에서 비롯된 의지와 능력으로 환난 중에 처한 이웃을 돌아보는 것, 그것이 바로 하나님께 드릴 가장 소중한 정결한 경건입니다. 참된 경건은 세속을 떠나 산속으로 들어가는 것이 아니라 오염되지 않은 영성을 갖고 세상 속으로 들어가 곤경에 처한 이웃에게 사랑을 실천하는 믿음입니다. 그런 실천적 믿음을 지닌 사람들이 만들어 가는 세상을 '천국'이라 하고 교회는 그런 천국을 지상에서 경험하는 공간과 영역이 되어야 합니다.

초대 교인들의 '문자적' 성서 읽기

사도행전에 나오는 초대교회가 그런 '천국' 공동체의 이야기를 담고 있듯 한반도에서 이루어진 한국의 초대교회사에서도 그런 '천국 사람들'의 이야기를 읽을 수 있습니다. 1900년 당시 인천과 강화 지역에서 사역하던 존스(G. H. Jones) 선교사가 전하는 이야기입니다. 한국 선교 12년차였던 존스는 1901년 연례 선교보고서에서 강화 교인들의 독특한 성서 읽기를 소개하였습니다.

> 한국인들은 서양인들이 이해하기 어려운 성경관을 갖고 있다. 이곳에서는 성경이 아주 귀해 성경을 손에 넣는다는 것은 큰 상을 받는 것과 같이 여겨지며, 성경을 구한 사람은 성경 공부에 매진하는데 그 결과가 아주 유익한 것으로 나타나곤 한다. 그들은 종종 성경 말씀을 '문자적으

로' 이해하여 엉뚱한 해석을 하곤 하는데, 한번은 그리스도께서 맹인을 고치실 때 진흙을 개어 바르셨다는 기사를 읽고 그대로 해서 오늘에도 그런 이적을 재생시키려 하였다.

여기서 주목할 것은 '문자적으로'(in a literal sense)라는 표현입니다. 기독교 교리사, 특히 서구 중심의 신학사상사에서 '문자적으로'라는 표현은 약간 부정적 의미를 담고 있습니다. 그것은 4-5세기 동방 정서를 반영하던 안디옥 학파와 서방 정서를 반영하던 알렉산드리아 학파 사이에 벌어진 교리논쟁과 종교재판에서 비롯된 것입니다. 로마 시대 종교박해가 끝난 후 처음 열린 니케아공의회(325년)에서 안디옥 학파의 아리우스와 알렉산드리아 학파의 아타나시우스 사이에 성자 그리스도의 신격(神格)을 둘러싼 기독론 논쟁이 벌어졌고 결국 수적 우세를 점한 알렉산드리아 학파는 (성자와 성부의 신격에 차이가 있음을 주장했던) 아리우스와 그 지지 세력을 이단으로 정죄하였습니다. 두 학파의 이런 교리 논쟁은 에베소공의회(431년)에서도 재연되어 그리스도의 (신성 못지않게) 인성의 중요성을 강조했던 안디옥 학파의 네스토리우스가 성모 마리아를 '테오토코스'(theotokos, 神母) 즉 하나님의 어머니로 부르지 않았다(네스토리우스는 마리아 태중의 예수를 신으로 볼 수 없다는 입장이었다)는 이유로 이단으로 정죄되어 로마제국 밖으로 추방되고 말았습니다. 결국 두 차례 교리논쟁과 종교재판에서 패한 안디옥 학파의 동방 전통은 서방 교회에 의해 이단적 흐름으로 정죄, 격리되었으니 이후 전개된 기독교 역사가 '정통'을 표방한 서방 교회 중심으로 전개, 진술될 것은 당연하였습니다.

이처럼 하나였던 기독교 전통을 정통과 이단으로 갈라지게 만든 초기 교리논쟁과 종교재판의 두 축, 안디옥 학파와 알렉산드리아 학파 사이의 이견과 갈등의 원인을 여러 가지로 설명할 수 있는데, 많은 학자들은 그 연원을 서로 다른 방식의 성서 읽기에서 찾습니다. 즉 성서를 읽되 서방의 알렉산드리아 학파는 '유비적으로'(allegorical) 읽는 반면, 동방의 안디옥 학파는 '문자적으로' 읽었다는 것입니다. 서방에서는 성서 본문을 '상징 언어'로 보고 그 의미를 해석하기 위해 노력한 반면, 동방에서는 본문을 '사실 언어'로 보고 그대로 실천하려 노력하였습니다. 성서를 읽는 근본 목적이 본문을 이해하고 그것을 실천하는 데 있다는 점에서 이 두 가지 방법 모두가 필요합니다. 둘 중 하나는 옳고 하나는 그르다고 할 수 없습니다. 두 방법을 조화롭게 운용할 때 '온전한' 성서 읽기는 가능합니다. 성서 본문을 알렉산드리아식으로 해석하고 안디옥식으로 실천하면 더이상 부족한 것이 없을 것입니다.

이처럼 상호 보완적이고 연결되어야 할 두 학파의 성서 읽기 방법론이었지만 관용과 타협이 통하지 않았던 논쟁 현장에서 두 학파는 서로 상대방의 방법론을 이단적인 것이라며 비난하고 정죄하였습니다. 그리고 종교재판에서 승리한 서방 전통 입장에서 동방 전통의 문자적인 성서 읽기를 비정통적이고 저급한 것으로 평가할 것은 당연하였습니다. 그러니 서구 신학 전통에 충실했던 존스 선교사의 눈에 성서의 이적(요 9:6)을 재현한다며 맹인 눈에 진흙을 바르는 강화 교인들의 모습이야말로 전형적인 문자적인 성서 읽기로 보였을 것입니다. 그래서 존스 보고서에 나오는 '문자적으로'란 표현에서 서구 신학자들의 동방 정서에 대한 부정적 선입견을 느낄 수 있었습니다.

그런데 그런 존스의 입장이 바뀌기 시작했습니다. 그는 강화 교인들이 성서를 문자적으로 읽어 이해할 수 없는 행동을 취할 때도 있지만 "그러나 종종 이 같은 문자적 해석을 바탕으로 교인들은 아름다운 행위를 하곤 하는데, 그 결과는 그리스도의 가르침에 전혀 위배되는 것이 아니다"면서 그 구체적인 예로 강화 홍의교회 종순일(鍾純一) 속장(屬長) 이야기를 소개하였습니다.

> 우리 속장 가운데 재물에 여유가 있는 사람이 한 명 있다. 그가 하루는 성경을 읽다가 주인으로부터 큰 빚을 탕감받고도 자신에게 적은 빚을 진 동료를 탕감해 주지 않고 심하게 대했던 불의한 종의 이야기(마 18:23-35)를 읽고 큰 깨달음을 얻어 그 말씀을 즉시 자신에게 문자적으로 적용하였다. 비유 속의 주인을 하나님으로 보고, 속장은 자신의 죄로 인하여 하나님께 엄청난 빚을 지고 있었는데 그리스도의 공로로 그 빚을 탕감받았다고 생각했다. 그리고 비유 속의 적은 빚을 진 동료들은 자신에게 돈을 빌려 간 동네 사람들로 보고, 하나님께서 탕감해 주신 빚에 비하면 정말 보잘것없는 적은 것을 탕감해 주지 않는다면 주님의 책망을 받을 것이란 생각을 하게 되었다. 그래서 그는 자기에게 빚을 진 사람들을 모두 집으로 초대해서 그 말씀을 읽어 준 다음 자기도 그런 식으로 하겠다고 하였다. 그리고는 빚 문서를 모두 꺼내 그들이 보는 앞에서 불태웠는데 빚을 탕감받은 사람들이 모두 놀란 눈으로 지켜보았다.

이처럼 문자적으로 성서를 읽고 그것을 자신에게 적용한 강화 초대 교인 종순일의 행위가 교인이나 선교사뿐 아니라 믿지 않은 사람들에게도 충격과 감동이 되었음은 물론입니다. 그런 그의 이야기는 한글 신문 〈대한그리스도인회보〉(1900. 6. 6)에도 실렸습니다.

강화 홍의 교우 종순일 씨가 자기 죄를 하나님께서 용서하여 주심을 깨닫고 무한 감사하며 또 성경 말씀을 생각하고 스스로 가로대 하나님께서 나의 천만 냥 빚을 탕감하여 주셨으니 나도 남이 내게 빚진 사람들을 모두 청하여 놓고 성경 말씀으로 연설하여 전도한 후에 빚 준 문서를 그 사람들 앞에서 즉시 불을 놓으니 탕감하여 줌을 입은 자들이 크게 감복하여 영화를 하나님께 찬송하고 서로 공론하되 세상 사람이 백지 없는 빚도 있다 하여 기인취물(欺人取物)하거늘 예수교를 믿는 사람은 자기 돈까지 버려 남에게 적선하니 참 거룩한 일이라 한다더라.

같은 무렵 강화읍에 살던 김씨 부인도 그런 식으로 말씀을 문자적으로 자신에게 적용하여 자기 집 노비를 석방함으로 주변 사람들을 감동시켰습니다. 김씨 부인 이야기는 "우리나라에 드문 일"이란 제목으로 〈신학월보〉(1903. 7)에 실려 있습니다.

강화 읍내에 김씨 부인은 연방 팔십에 자녀와 친속이 없고 홀로 과거하야 다만 복섬이라는 여종을 데리고 세상을 지내더니 일일은 예수씨의 복음을 듣고 스스로 죄를 깨달아 회개하고 주를 믿기 작정한 후 언문을 알지 못함으로 성경을 보지 못하여 주야근심하고 날마다 언문을 힘써 공부하여 나중에 언문 성경을 보기에 이르러 성경 뜻을 상고함에 종 두는 것이 또한 큰 죄인 줄을 깨닫고 가라대 우리의 주인은 하늘에 계시고 우리는 다 한 형제라 내가 어찌 감히 하나님 앞에서 주인이 되어 죄를 범하리오 하고 하루 날은 교중 형제를 청하여 그 종 복섬이를 불러 앉히고 마태복음 십팔장 십오절부터 이십절까지 읽은 후에 좋은 말씀으로 몇 마디 하신 후에 종 문서를 불사르고 그 종에게 일러 가라대 내가 금일부터는 너를 종으로 알지 않고 내 딸로 아노라 하고 주일마다 한가지로 예배당에 열심으로 다니시니 종 되던 여자가 기쁜 마음이 충만하여 친어머니같이 섬기며 날마다 온 집안이 화목한 것이 충만하니 하나님께 만만감사할 일이로다.

김씨 부인은 "너희가 땅에서 매면 하늘에서도 매일 것이요 땅에서 풀면 하늘에서도 풀리리라", "너희 중의 두 사람이 땅에서 합심하여 무엇이든지 구하면 하늘에 계신 내 아버지께서 그들을 위하여 이루게 하시리라"(마 18:18-19)는 말씀을 문자적으로 해석하여 땅에서 매인 것을 풀어주는 의식으로 노비문서를 불살랐던 것입니다. 그 결과 복섬이는 "종의 영이 아닌 자녀의 영을"(롬 8:15) 얻게 되었습니다. 이것이 바로 사도 바울이 말한 바 위대한 구원의 은총이 아닐까요?

이처럼 종순일이나 김씨 부인처럼 한국 초대 교인들은 성서 본문을 '신학적으로' 해석하려 애쓰기보다 '문자적으로' 실천하려 노력하였습니다. 그 결과 한국 초대교회에는 머리로 이해하는 신앙보다 가슴으로 느끼고 몸으로 실천하는 신앙이 형성되었습니다. 이런 토착 교인들의 문자적 실천신앙이 무엇이든 먼저 이해하려 애쓰는 서방 전통의 선교사들에게 처음엔 어색하고 낯설게 느껴졌지만, 이내 '어린아이처럼' 순수한 마음으로 본문을 문자적으로 실천하는 '몸 신앙'의 가치와 효능을 발견하고 경의를 표하기에 이른 것입니다. 그런 식으로 존스를 비롯한 선교사들은 그동안 동방에 대해 지녔던 신학적 편견, 즉 문자적으로 경전을 읽는 방식에 대한 부정적 선입견에서 벗어날 수 있었습니다.

또 하나, 초대 교인 종순일과 김씨 부인이 보여 준 실천신앙에서 간과해서는 안 될 신학적 가치가 있습니다. 특히 우리의 관심인 기독교 사회주의와 관련해서 그렇습니다. 종순일은 당연히 받아야 할 동네 사람들의 빚을 모두 탕감해 주었습니다. 저들이 하소연하거나 투쟁을 해서도 아닙니다. 단지 성서에서 얻은 감동과 깨달음 때문에 그렇게 한 것입니다. 종순일은 후에 "네게 있는 것을 다 팔아 가난한 자들에게 나눠 주라 그리고 와서 너는 나를 따르라"(눅 18:22)는 말씀을 읽고 그것도 문자적으로 실천하여 자기 재산을 마을의 가난한 사람들과 교회에 기부하고 부인과 함께 전도자가 되어 강화도 일대에 복음을 전하였습니다. 그 결과 종순일의 사유재산은 마을 주민과 교회의 공동소유가 되었고 재물의 사회 환원이 자연스럽게 이루어졌습니다. 김씨 부인도 마찬가지입니다. 합법적으로 소유할 수 있는 노비를 아무 조건 없이 석방했습니다. 누가 몸값을 지불한 것도 아니고 노비가 해방 투쟁을 한 것도 아닌데 단지 말씀을 읽다가 깨달은 것을 그대로 실천하였을 뿐입니다. 그 결과 노비 석방, 즉 계급해방이 이루어졌습니다.

이처럼 종순일과 김씨 부인이 보여 준 문자적 말씀 실천으로 빚 탕감과 노비 해방이라는 '희년 은총'(레 25:10)이 구현되었습니다. 또한 그것은 기독교 사회주의가 지향하는바, '은총에서 비롯된' 의지와 지혜로 이루어진 재물 분배와 평등 사회 구현의 좋은 예가 되었습니다. 이런 물질 공유와 평등 사회는 모든 사회주의 사조와 운동이 추구하는바, 목표는 같은데 방법이 다를 뿐입니다. 공산주의로 대변되는 과학적 사회주의는 법이나 제도, 때로는 강제력을 동원해서 그런 사회를 구현하려 하지만 기독교 사회주의는 은총과 사랑의 능력으로 그것을 이룰 수 있다고 믿고 그렇게 행동합니다. 이런 기독교 사회주의 이론이 '낭만적'이라며 회의하는 사람들이 많지만 종순일과 김씨 부인의 경우에서 보는 것처럼 성서 말씀을 '제대로만' 읽으면 얼마든지 가능하다는 것을 한국 초대교회사가 증명하고 있습니다. 그리하여 사도행전의 초대교회에서 이루어졌던 기적 같은 현상이 한국 초대교회에서도 그대로 재현되었습니다. 맑고 순수한 영혼과 뜨거운 신앙 열정의 소유자들에 의해서 말입니다.

하나님의 날, 새 하늘과 새 땅의 꿈

많은 학자들은 초대교회 교인들의 뜨거운 신앙 열기와 희생적 사랑 실천을 가능케 했던 배경 요인으로 '종말론적 긴장감'을 지적합니다. 즉 "이 세대가 지나가기 전에 이 일이 다 일어나리라"(마 24:34), "이 예수는 하늘로 가심을 본 그대로 오시리라"(행 1:11)는 약속의 말씀을 근거로 초대교회 교인들은 임박한 종말에 대한 확고한 신념을 갖고 살았습니다. 초대 교인들은 속히 이루어질 그리스도의 재림과 최후 심판을 염두에 두고 '심판 통과'를 위한 준비 과정으로서 종말론적 삶을 살았던 것입니다. 임박한 때에 대한 긴장감을 갖고 살았던 초대 교인들의 종말론적 신앙은 어떤 것일까요? 1992년 '에러'로 끝난 다미선교회 교인들처럼 '자기들끼리 모여' 들림을 기다리는 그런 신앙은 아니었습니다. 사도 베드로가 가르쳐 준 종말 신앙입니다.

> 만물의 마지막이 가까이 왔으니 그러므로 너희는 정신을 차리고 근신하여 기도하라 무엇보다 뜨겁게 서로 사랑할지니 사랑은 허다한 죄를 덮느니라 서로 대접하기를 원망 없이 하고 각각 은사를 받은 대로 하나님의 여러 가지 은혜를 맡은 선한 청지기같이 서로 봉사하라 ○베드로전서 4장 7-10절

기도와 사랑과 봉사, 그것이 종말에 임박한 시간을 사는 그리스도인들의 마땅한 의무입니다. 특히 뜨거운 사랑으로 서로 대접하며 사는 청지기 공동체가 곧 말세의 교회인 것입니다. 그런 사랑의 청지기 공동체를 결속하고 지탱시키는 견인력은 '그 날'에 대한 희망에서 나옵니다. 그래서 베드로는 이렇게 권면합니다.

> 하나님의 날이 임하기를 바라보고 간절히 사모하라 그 날에 하늘이 불에 타서 풀어지고 물질이 뜨거운 불에 녹아지려니와 우리는 그의 약속대로 의가 있는 곳인 새 하늘과 새 땅을 바라보도다 ○베드로후서 3장 12-13절

우리가 바라고 기다리는 것은 '하나님의 의'가 온전히 이루어지는 시간으로서의 '하나님의 날'과 공간으로서의 '새 하늘과 새 땅'입니다. 그 날에는 지금과 전혀 다른 '새로운' 세계가 열릴 것이니 그 날에 대한 희망을 붙잡고 고난과 시련의 오늘을 견디고 살아가라는 것입니다. 로마제국 박해 시대에 밧모섬에 갇힌 사도 요한이 고난의 현실에서도 좌절하지 않고 희망을 노래할 수 있었던 것은 환상 중에 보여 주신 새 하늘과 새 땅의 묵시 때문이었습니다.

> 또 내가 새 하늘과 새 땅을 보니 처음 하늘과 처음 땅이 없어졌고 바다도 다시 있지 않더라 또 내가 보매 거룩한 성 새 예루살렘이 하나님께로부터 하늘에서 내려오니 그 준비한 것이 신부가 남편을 위하여 단장한 것 같더라 내가 들으니 보좌에서 큰 음성이 나서 이르되 보라 하나님의 장막이 사람들과 함께 있으매 하나님이 그들과 함께 계시리니 그들은 하나님의 백성이 되고 하나님은 친히 그들과 함께 계셔서 모든 눈물을 그 눈에서 닦아 주시니 다시는 사망이 없고 애통하는 것이나 곡하는 것이나 아픈 것이 다시 있지 아니하리니 처음 것들이 다 지나갔음이러라
>
> ○요한계시록 21장 1-3절

새 하늘과 새 땅, 그리고 그 안에 세워질 새 예루살렘에서 이루어지는 대표적인 일은 '눈물 닦기'입니다. 눈물은 누가 죽거나 슬플 때, 아프거나 헤어질 때, 고통스럽거나 억울한 일을 당했을 때 나오는 것입니다. 세상에 살면서 이런 슬프고 억울하고 고통스런 일을 당한 사람들의 눈물

을 하나님께서 직접 닦아 주신다는 것입니다. 바로 하나님의 위로입니다.

> 보좌에 앉으신 이가 이르시되 보라 내가 만물을 새롭게 하노라 하시고 또 이르시되 이 말은 신실하고 참되니 기록하라 하시고 또 내게 말씀하시되 이루었도다 나는 알파와 오메가요 처음과 마지막이라 내가 생명수 샘물을 목마른 자에게 값없이 주리니 이기는 자는 이것들을 상속으로 받으리라 나는 그의 하나님이 되고 그는 내 아들이 되리라 ○요한계시록 21장 5-7절

'목마른' 자가 세상에서 궁핍한 자, 소외된 자, 버림받은 자를 의미한다면 '값없이' 준다는 것은 계산해서, 조건을 달고 준다는 것이 아니라 그냥 조건 없이 베푸는 것을 의미합니다. 부자라고 해서 많이 받고 가난한 자라 해서 받지 못하는 것이 아니라 모두가 골고루 같은 대접을 받습니다. 차별도, 억울함도 없습니다. 새 하늘과 새 땅에서라야 가능한 일입니다.

그래서 마지막 날 재앙(환난)에서 면제받을 14만 4천 명도 모두 '흰 옷'으로 복장을 통일하고(계 7:13) "다시는 주리지도 아니하며 목마르지도 아니하고 해나 아무 뜨거운 기운에 상하지도 아니할"(계 7:16) 것이며 '어린양'의 혼인 잔치에 참여한 무리도 "작은 자나 큰 자나 다 우리 하나님께 찬송할"(계 19:5) 것입니다. 세상에서는 입은 옷의 색깔과 가격에 따라, 지위의 높고 낮음에 따라 대접이 다르고 먹는 것도 다르고 행동거지도 다르지만 새 하늘과 새 땅, 새 예루살렘, 어린양의 혼인 잔치, 천년왕국에서는 모두가 같은 옷을 입고 같은 양식(생명수)을 먹으며 같은 찬송

을 부를 뿐입니다. 그리하여 완전 자유, 완전 평등, 완전 평화가 구현된 세상, 곧 "하나님의 선하시고 기뻐하시고 온전하신 뜻"(롬 12:2)이 이루어질 세상이 도래하는 것입니다. 결국 "새 하늘과 새 땅"은 구약 예언자들이 말했던 메시아 왕국, 그리스도께서 선포하신 하나님 나라(혹은 천국)의 종말론적 표현임을 알 수 있습니다. 그런 세상을 바라보며, 그런 세상을 이루기 위해 노력하며 오늘을 살아가는 것이 그리스도인들의 종말론적 신앙입니다.

그렇다면 새 하늘과 새 땅은 언제, 어디에 세워질까요? 모든 사람이 궁금해 하는 부분입니다. 먼저 '언제'에 대해서는 알 수도 없고 따라서 알려고 하지 않는 것이 현명합니다. 왜냐하면 예수님 자신도 "그 날과 그 때는 아무도 모르나니 하늘의 천사들도, 아들도 모르고 오직 아버지만 아신다"(마 24:36), "때와 시기는 아버지께서 자기의 권한에 두셨으니 너희의 알 바 아니라"(행 1:7) 하셨기 때문입니다. '에러'로 끝난 다미선교회의 경우처럼 기독교 2천년 역사에서 재림신앙과 관련해서 나타난 이단이나 오류는 언제나 이 '언제'를 자기 나름대로 계산해서 "아무 날, 아무 시에 주님이 재림하신다"고 선전하는 것에서 시작되었습니다. 그러므로 언제에 대해서는 그때를 추측하거나 계산하려는 유혹을 물리치고 다만 언젠가는(머지않아) 종말의 때가 오리라는 긴장감을 안고 오늘 해야 할 마땅한 의무를 행할 뿐입니다.

그러나 '어디'에 대해서는 분명한 인식을 할 필요가 있습니다. 다미선교회의 경우처럼 많은 사람은 어린양의 혼인 잔치와 새 하늘과 새 땅, 천년왕국이 '세상 밖'에서 이루어지는 것으로 착각합니다. 소위 휴거라 하여 선택받은 14만 4천 명이 그리스도의 재림에 맞추어 천사들에 의해 '공중으로 들려 올려질 것'으로 믿고 그래서 천사들의 수고를 덜어 준다며 다이어트를 한다, 미리 화장실을 다녀온다 소동을 피웠습니다. 이들이 휴거의 근거로 내세운 것은 데살로니가전서 4장 17절, "그 후에 우리살아남은 자들도 그들과 함께 구름 속으로 끌어올려 공중에서 주를 영접하게 하시리니 그리하여 우리가 항상 주와 함께 있으리라"라는 구절입니다. 여기 "구름 속으로(공중으로) 끌어올려"라는 표현에서 휴거란 단어가 나온 것입니다. 다미선교회의 에러는 이 성서 구절을 정확하게, 끝까지 읽지 못하고 잘못 해석한 것에서 비롯되었습니다.

우선 그들 말대로 휴거가 이루어진다고 칩시다. 중요한 것은 휴거의 목적이 무엇인가 하는 것입니다. 성서 본문은 성도들을 끌어올린 목적이 '주님 영접'인 것을 분명히 밝혔습니다. 다른 말로 하면, 오시는 주님을 환영하러 나간다는 것입니다. 동서고금에 귀한 손님이 올 때 집에 앉아서 맞이하는 법은 없습니다. 나라의 국빈이 올 때 대통령은 자기 집무실에 있더라도 국무총리나 외교부 장관을 공항까지 내보내 영접하도록 합니다. 귀한 분일수록 더 멀리 나가서 영접합니다. 그것이 마땅한 예(禮)입니다. 마지막 날 하나님의 아들 예수 그리스도께서 다시 오시는데 가만히 앉아서 맞이할 수 있겠습니까? 그래서 나가서 영접해야 하는데, 공중에서 오시기 때문에 공중으로 올라갈 뿐입니다. 공중이 최종 목적지가 아니라는 뜻입니다.

그러면 '공중 영접' 후 어떻게 될까요? 나라의 국빈을 공항에 언제까지든 모셔 둘 수는 없습니다. 국빈이 목적하는 곳으로 이동해야 합니다.

당연히 영접하러 나간 사람들도 동행해야 합니다. 그래서 휴거를 언급한 성서 본문은 "그리하여 우리가 항상 주와 함께 있으리라" 하였던 것입니다. 주님 가시는 곳으로, 주님 머무시는 곳에 항상 동행한다는 뜻입니다. 그러면 주님은 공중에서 영접을 받으신 후 어디로 가실까요? 어린양의 혼인 잔치 자리로 옮기실 것은 당연합니다. 혼인 잔치는 어디서 열릴까요? 이는 예수님께서 마지막 날에 일어날 일에 대한 '천국 비유'의 하나로 말씀하신 혼인 잔치의 열 처녀 비유(마 25:1-13)에서 확인할 수 있습니다. 이 비유는 처녀 열 명이 혼인 잔치가 거행될 집 안에서 신랑을 기다리는 것으로 시작됩니다. 그러나 밤중에 "신랑이 온다. 맞으러 나오라"는 소리가 들렸고 이에 기름을 준비했던 슬기로운 다섯 처녀는 곧바로 등불을 들고 집 밖으로 나가 마을 어귀에서 '오는 신랑을 영접'하였습니다. 그리고 신랑과 함께 잔치가 열릴 집으로 돌아왔습니다. 그 사이 기름을 준비하지 못했던 게으른 다섯 처녀들도 집 밖으로 나갔는데 이들은 영접하러 간 것이 아니라 기름을 사러 나간 것입니다. 이들이 기름을 사가지고 잔칫집으로 돌아왔으나 이미 문은 닫히고 들어갈 수 없었습니다. 신랑의 최종 목적지는 마을 어귀가 아니라 처녀들이 처음부터 기다리던 집 안이었습니다. 신랑이 옴으로 잔치 자리가 된 것입니다. 그리고 그곳에서 신랑은 처녀들과 함께 잔치를 즐겼습니다.

이로써 오시는 주님의 최종 목적지가 우리가 살고 있는 '이곳'인 것을 알 수 있습니다. '저곳', 특히 공중은 더욱 아닙니다. 어린양의 혼인 잔치를 언급한 계시록(계 19:1-10) 어디에도 그 장소가 공중이라는 표현은 없습니다. 새 하늘과 새 땅의 위치 또한 마찬가지입니다. 강림이든 재림이든, 그것은 주님께서 우리에게 오시는 것이지 우리가 주님께 가는 것은 아닙니다. 가더라도 영접하기 위해 잠시 갈 뿐입니다. 오시는 주님과 함께 '영원히 왕 노릇 할' 곳은 이곳입니다. 한국 교회의 토착적 재림신앙과 종말론의 원조로 꼽히는 길선주(吉善宙) 목사도 1935년에 쓴 《말세론》에서 주님 재림과 함께 이루어질 새 하늘과 새 땅(길선주는 '무궁안식세계'로 표현하였다)은 현재 우리가 살고 있는 이 '지구' 위에 세워질 것이라고 분명하게 말했습니다.

> 하나님이 창조하시고 '좋은지라' 하신 우주를 폐멸(廢滅)하시지 않을 것이다. 하나님이 사람을 죽게 하기 위하여 내신 것이 아니라 부활하게 내셨고 만물을 폐멸하기 위하여 창조하신 것이 아니라 '좋은지라'의 더 좋게 하기 위하여 새롭게 하실 것이다. 예수 밟으시던 지구는 새 땅이 되어 영원히 있을 것이요 에덴의 위치이던 지구는 소각될 것이 아니라 불꽃 검으로 수호하던 에덴은 다시 나타나서 이 지구는 무궁안식세계의 장소가 될 것이다.

더 이상 그리스도 재림의 장소에 대한 오해는 없었으면 좋겠습니다. 그동안 한국 교회는 우리가 '저리로 가는' 종말론의 포로가 되어 현실도피적이고 염세적인 신앙으로 사회적 책임을 외면했는데, 이제부터는 '이리로 오시는' 주님을 영접하고 준비하는 종말론으로 재무장하고 우리가 살고 있는 이 세상에서 하나님의 뜻이 온전히 이루어짐으로 하나님께서 정하신 때에 주님께서 왕 노릇 하실 왕국으로서 하나님 나라(혹은 천국)가

건설되고, 더 이상 빼앗겨 슬퍼하거나 억울한 사람도 없이 큰 자나 작은 자나 함께 어울려 행복한 새 하늘과 새 땅, 속된 것이나 가증한 일 또는 거짓말이 더 이상 통하지 않고 '어린양의 생명책'에 기록된 자들이 만국의 영광과 존귀를 가지고 모여 하나님을 찬양하는 '새 예루살렘'에서, 주님과 하나 되는 기쁨과 감격의 '혼인 잔치'가 벌어질 것입니다. 그때가 오기까지 우리는 남겨진 성도로서 마땅히 져야 할 의무를 감당할 뿐입니다. 새 하늘과 새 땅에 대한 희망을 품고 말세, 고난의 시대를 살았던 사도 요한이 오늘 우리에게 보내는 편지입니다.

아이들아 지금은 마지막 때라 적그리스도가 오리라는 말을 너희가 들은 것같이 지금도 많은 적그리스도가 일어났으니 그러므로 우리가 마지막 때인 줄 아노라 ○요한일서 2장 18절

이러므로 하나님의 자녀들과 마귀의 자녀들이 드러나나니 무릇 의를 행하지 아니하는 자나 또는 그 형제를 사랑하지 아니하는 자는 하나님께 속하지 아니하니라 ○요한일서 3장 10절

우리는 형제를 사랑함으로 사망에서 옮겨 생명으로 들어간 줄을 알거니와 사랑하지 아니하는 자는 사망에 머물러 있느니라 ○요한일서 3장 14절

누가 이 세상의 재물을 가지고 형제의 궁핍함을 보고도 도와줄 마음을 닫으면 하나님의 사랑이 어찌 그 속에 거하겠느냐 ○요한일서 3장 17절

자녀들아 우리가 말과 혀로만 사랑하지 말고 행함과 진실함으로 하자
○요한일서 3장 18절

누구든지 하나님을 사랑하노라 하고 그 형제를 미워하면 이는 거짓말하
는 자니 보는 바 그 형제를 사랑하지 아니하는 자는 보지 못하는 바 하나
님을 사랑할 수 없느니라 ○요한일서 4장 20절

우리가 이 계명을 주께 받았나니 하나님을 사랑하는 자는 또한 그 형제를
사랑할지니라 ○요한일서 4장 21절

자기 목숨을 버리심으로 사랑이 무엇인지 몸으로 보여 주신 그리스도
의 은총으로 하나님의 자녀가 된 우리가 마지막 날 주님 다시 오시기까
지, 또는 우리가 육신의 생명을 끝내고 주님께로 가는 마지막 순간까지
이 땅에서 지키고 실천해야 할 유일한 계명, 즉 "서로 사랑하라 내가 너
희를 사랑한 것같이 너희도 서로 사랑하라"(요 13:34)는 영원한 '새 계명'
입니다. 이보다 더 소중한 율법이 없고 계명이 없으며 신앙도 없습니다.
이 계명에 따라 "하나님을 경외하고 이웃을 사랑하는" '경천애린'(敬天愛
隣)의 믿음을 실천하는 것뿐입니다. 그것이 바로 기독교 사회주의를 신앙
생활 원리로 고백하는 이들의 실천 강령입니다.

이제 인류 역사와 성서 속에서 기독교 사회주의의 흔적과 그 원리를
추적하였던 긴 여정을 마감하면서 지금까지 살펴 본 내용을 중심으로
기독교 사회주의 원리와 방법을 정리하는 것이 도움이 될 것입니다. 그

래서 실험적이긴 하지만 기독교 사회주의 기본 원리를 다음과 같이 신조 형태로 정리해 보았습니다. '기독교 사회주의 신조'라 불러도 좋습니다.

1. 기독교 사회주의는 구약성서의 "네 이웃 사랑하기를 네 자신과 같이 사랑하라"(레 19:18)는 말씀, 신약성서의 "무엇이든지 남에게 대접을 받고자 하는 대로 너희도 남을 대접하라"(마 7:12)는 말씀이 그리스도 인의 생각과 행동의 제일원리가 되어야 함을 믿는다.

2. 기독교 사회주의는 참된 신앙 공동체를 지향하는바 그 모형이 구약성서의 만나 공동체(출 16:17-18)와 희년 공동체(레 25:10-12), 메시아 공동체(사 11:1-9), 신약성서의 천국 공동체(마 20:1-16)와 오순절 공동체(행 4:32-35), 새 예루살렘 공동체(계 21:1-4)에 예시되었음을 믿는다.

3. 기독교 사회주의는 경쟁이 불가피한 인류 사회에서 나타나는 빈부격차와 경제적 불균형, 그리고 그로 인해 형성된 사회적 소외계층과 경제적 빈곤계층의 아픔과 고통을 해결하기 위해 신학적 모색과 선교적 실천을 추구해야 함을 믿는다.

4. 기독교 사회주의는 경제적 소외와 빈곤 문제가 개인적인 것이라기보다 사회적인 것이라는 점을 인식하며 그 해결을 개인적 결단에만 의존하지 않고 공동체적 관심과 사회적 책임의 틀 안에서 이루어져야 함을 믿는다.

5. 기독교 사회주의는 자본주의가 추구하는바, 창의적 생산을 촉진시키는 개인의 자유와 자율을 바탕으로 한 시장주의 경쟁을 인정하지만

이런 자유와 경쟁이 소수에 의한 부의 독점으로 연결되지 않도록 적절한 사회적 견제가 필요함을 믿는다.

6. 기독교 사회주의는 사회주의가 추구하는바, 인간 평등과 부의 균형적 분배를 구현하기 위한 사회적 관리와 제도가 필요함을 인정하지만 그 방법이 강압적 통제와 지시가 아닌 자발적 나눔과 참여를 통해 이루어져야 함을 믿는다.

7. 기독교 사회주의는 생산과 분배의 물질적 바탕과 수단이 개인이나 국가 혹은 어느 집단의 독점적 소유물이 되는 것을 경계하며, 모든 물질의 궁극적 소유권은 하나님께 있고 인간은 그것을 하나님의 뜻대로 관리할 책임이 있음을 믿는다.

8. 기독교 사회주의는 유물론과 유심론을 양자택일 관점에서 보지 않으며 종교적 각성과 훈련을 통해 정신과 물질, 영혼과 육신의 조화가 이루어진 사람들이 생산과 분배의 조화를 이루어 인류 평화 공동체를 구현할 수 있음을 믿는다.

그리고 이 땅에서 기독교 사회주의가 실현된 세상을 꿈꾸며 사는 모든 이들이 부를 찬송입니다.

사랑의 나눔 있는 곳에 하나님께서 계시도다(*Ubi caritas et amor Deus ibi est*).

▷ 강화 홍의교회 속장 종순일은 큰 빚을 탕감받고도 자신에게 적은 빚을 진 동료를 탕감해 주지 않은 불의한 종의 이야기를 읽고 큰 깨달음을 얻어 자기에게 빚을 진 사람들의 빚 문서를 불태웠다. 문자적으로 성서를 읽고 그것을 자신에게 적용한 종순일의 행위는 큰 감동이 되었다. 사진은 그 이야기가 실린 〈대한그리스도인 회보〉(1900. 6. 6)

▷ 한국 초대 교인들은 성서 본문을 '신학적으로' 해석하려 애쓰기보다 '문자적으로' 실천하려 노력하였다. 강화 김씨 부인도 "땅에서 풀면 하늘에서도 풀리리라"는 말씀을 문자적으로 해석하여 땅에서 매인 것을 풀어 주는 의식으로 자기 집 종의 노비문서를 불살랐다. 사진은 김씨 부인 이야기가 실린 〈신학월보〉(1903. 7)

선한 사마리아인의 사랑으로

일반인들에게는 생소하지만 법률 용어 가운데 '선한 사마리아인 법'이란 것이 있습니다. 이 법은 두 가지 취지가 있습니다. 첫째, 선한 의도로 위험에 처한 사람을 돕다가 본의 아니게 과실을 범해 대상자를 사망에 이르게 하거나 손해를 입혔을 경우, 돕고자 했던 사람에게 민·형사상 책임을 감면 또는 면제한다는 것입니다. 목숨이 위태로운 사람을 도와 주려 응급조치를 취하였다가 결과가 잘못되었을 때 그 당사자나 가족으로부터 소송을 당하거나 죄를 뒤집어쓰는 경우가 있어, 위험에 처한 사람을 보더라도 도움을 주저하거나 외면하여 응급환자 구조와 구호가 신속하게 이루어지지 못했기 때문이지요. 그래서 선한 의도로 시도한 응급조치의 결과에 대해서는 민·형사상 책임을 묻지 않는다는 취지의 법을 제정한 것입니다. 우리나라에서도 이런 취지로 2008년 6월 '응급의료에 관한 법률(구호자보호법)'을 개정하고 그 해 12월부터 시행해 오고 있습니다. 그 결과, 잘못될지도 모를 결과를 우려하여 응급구호를 주저하는 사례는 줄어들게 되었습니다. 이처럼 선한 사마리아인 법은 선한 의도로 선행(구조)을 베푸는 이들을 법적으로 보호하려는 취지를 담고 있습니다.

선한 사마리아인 법의 두 번째 취지는 더 적극적인 의미에서 선행을 독려하려는 취지를 담고 있습니다. 즉 위험에 처한 사람을 보고도 구조나 구호를 하지 않는 '무정한' 사람에게 '구조 불이행' '구조 거부' 책임을 물어 처벌하는 법입니다. 서구 유럽 국가들이 이런 법을 도입하여 실시하고 있는데 예를 들어 프랑스에서는 자기 또는 제3자의 위험을 초래하지 않고 위험에 처한 다른 사람을 구조할 수 있음에도 고의로 구조하지 않은 자에 대하여 5년 이하의 구금 및 50만 프랑의 벌금에 처하도록 하였고, 폴란드에서도 개인적인 위험에 닥쳐 본인 또는 본인과 가까운 사람들을 노출시키지 않고 구조할 수 있는데도 생명이 위태로운 상황에 처한 사람을 구조하지 않은 자에 대하여 3년 이하의 금고나 징역에 처한다는 형법을 운용하고 있습니다. 우리나라에서도 2010년 9월 임동규 의원이 구호자의 인명 구조 활동 과정에서 발생한 손해에 대해 중대한 과실이 없는 한 민·형사상 책임을 덜어 주고 구호자가 입은 손해에 관하여는 국가가 보상하며, 선의의 구호 행위에 대한 포상을 실시할 수 있도록 하는 "인명구호활동의 보호 및 지원에 관한 법률 일부개정법률안"과 긴급한 사정으로 생명·신체에 대한 위험을 당하여 구조가 필요한 자를 구조하지 아니한 자는 1년 이하의 징역 또는 3백만 원 이하의 벌금에 처하도록 하는 "형법 일부개정법률안"을 각각 발의하여 현재 국회에서 논의 중이라 합니다.

구조 행위자에 대한 법적 보호든, 구조 거부자에 대한 법적 제재든 선한 사마리아인 법의 근본정신은 "곤경에 처한 사람을 외면해서는 안 된다"는 도덕적·윤리적 가치관을 바탕에 깔고 있습니다. 물론 법과 도덕은 별개라는 입장에서는 개인의 자율성을 존중하여 법이 도덕의 영역에 간섭해서는 안 된다며 반론을 펴는 사람도 있지만, 세월이 흐를수록 더욱 심각해져 가는 현대 사회의 도덕 불감증을 법을 통해서라도 해소시켜 보려는 시민사회의 고민이 반영된 결과라 하겠습니다. 이런 선한 사마리아인 법의 등장을 기뻐할 것만은 아닌 것이, 이 법 명칭의 유래가 되는 성서 속의 선한 사마리아인 이야기(눅 10:25-37)가 담고 있는 본래 취지와 의도와 전혀 다른 방향으로 이 사회가 흘러가고 있기 때문일 것입니다.

누가 나의 이웃인가?

찬찬히 성서 속의 선한 사마리아인 본문을 읽어 봅니다.

> 어떤 사람이 일어나 예수를 시험하여 이르되 선생님 내가 무엇을 하여야 영생을 얻으리이까?

율법학자는 신앙의 궁극적인 목표인 '영생' 문제를 갖고 예수님을 찾아왔습니다. 그 점에서 그는 신앙의 핵심을 제대로 짚은 셈입니다. 질문에 질문으로 답을 하는 것이 예수님의 교육 방법이었습니다.

율법에 무엇이라 기록되었으며 네가 어떻게 읽느냐?

답은 언제나 자기 전공 분야에서 찾을 일입니다. 그래서 예수님은 율법학자의 전공 분야인 율법에서 답을 찾도록 유도하셨습니다. 그는 자기 전공 과목인 율법에서 가장 중요하다고 생각되는 구절을 뽑아 답을 냈습니다.

네 마음을 다하며 목숨을 다하며 힘을 다하며 뜻을 다하여 주 너의 하나님을 사랑하고 또한 네 이웃을 네 자신과 같이 사랑하라 하였나이다

정답이었습니다. 전공자답게 율법학자는 이미 답을 알고 있었습니다. 그런데도 그는 영생에 대한 확신이 없었습니다. 이유는 무엇일까요? 문제는 성서를 읽되 '어떻게' 읽는가에 달려 있었던 것입니다. 성서를 읽는 방법에 세 가지 단계가 있습니다. 첫째는 '눈으로' 읽는 것인데 글을 깨친 사람은 누구나 할 수 있는 방법입니다. 둘째는 '마음으로' 읽는 것인데 성령의 조명을 받아 본문의 뜻을 깨닫는 단계입니다. 말씀이 주는 감동과 감격으로 마음이 뜨거워집니다. 셋째는 '몸으로' 읽는 것으로 깨달은 말씀을 몸으로 실천하는 단계입니다. 그렇게 해서 말씀이 육신이 되는(요 1:14) 성육화가 이루어집니다. 이 마지막 단계까지 이르러야 비로소

성서를 제대로, 온전히 읽었다고 할 수 있습니다. 아마도 율법학자는 제 2단계까지는 이르렀는데 제3단계는 이르지 못했나 봅니다. 그래서 하신 말씀입니다.

네 대답이 옳도다 이를 행하라 그러면 살리라

"행하라. 그러면 살리라." 역시 마지막 관문은 '행함', '실천'입니다. "나 더러 주여 주여 하는 자마다 다 천국에 들어갈 것이 아니요 다만 하늘에 계신 내 아버지의 뜻대로 행하는 자라야 들어가리라"(마 7:21)는 말씀도 그렇습니다. 율법학자는 알기도 많이 알고 설교도 많이 하고 강의도 많이 했는데 아직 행함의 단계에 이르지 못해 영생의 감격을 누리지 못했던 것입니다. 그래서 율법학자는 질문합니다.

그러면 내 이웃이 누구니이까?

이 질문은 "내가 사랑해야 할 이웃은 누구입니까?"로 바꾸어 읽을 수 있습니다. '이웃 사랑'이 율법의 지시인 만큼 사랑의 대상인 이웃을 정확하게 파악해서 그를 사랑함으로 율법을 실천하여 영생의 감격을 얻고자 했습니다. 이 질문에 답하여 예수님은 그 유명한 강도 만난 사람을 구한 사마리아인 이야기를 들려 주셨습니다. 이 이야기는 실제로 있었던 사건도 아니고 전해 들은 소문도 아닙니다. 순전히 예수님께서 지어 낸 이야기입니다. 그래서 더 의미가 있습니다. 예수님의 꿈과 비전이 그 이야기에 담겨 있기 때문입니다.

예수님의 이야기에 등장하는 주인공은 모두 네 명입니다. 여리고로 내려가다 강도를 만나 "옷이 벗겨지고 맞아서 거의 죽은" 상태에 처한 예루살렘(유대) 사람, 그런 "그를 보고 피하여 지나간" 제사장과 레위인, 그리고 "그를 보고 불쌍히 여겨 가까이 가서 기름과 포도주를 그 상처에 붓고 싸매고 자기 짐승에 태워 주막으로 데리고 가서 돌보아 준" 사마리아인입니다. 강도 만난 희생자를 대하는 사람들의 태도에서 앞서 언급한 영생을 얻는 방법, 즉 말씀을 어떻게 읽어야 하는지 교훈을 얻게 됩니다. 즉 '보고 지나간' 제사장과 레위인은 말씀을 눈으로 읽는 단계에 머물렀지만 사마리아인은 '보고'(눈으로) '불쌍히 여겨'(마음으로) '가까이 가서 상처를 치료하고 주막으로 옮겨'(몸으로) 죽을 수밖에 없는 사람을 살려냈습니다. 과연 누가 '영생'의 관문을 통과하였을지는 쉽게 알 수 있습니다. 눈으로 본 사람이 아니라 마음으로 깨닫고 몸으로 행한 사람이 영생의 감격을 누릴 수 있는 것입니다. 요즘 논의되고 있는 선한 사마리아인 법에 의한다면 사마리아인은 구조자 보호법에 의해 보호받아야 하고, 제사장과 레위인은 구조 불이행 혐의로 재판을 받아야 합니다.

이런 신학적 내용의 이야기를 들려 주신 후 예수님은 질문자에게 마지막 질문을 던집니다. "네 생각에는 이 세 사람 중에 누가 강도 만난 자의 이웃이 되겠느냐?" 율법학자의 처음 질문은 "누가 내 이웃인가?"였는데 예수님의 답이 담긴 질문은 "누가 이웃이 되었는가?"였습니다. 여기서 두 종류의 이웃 사랑을 확인할 수 있습니다. 율법학자의 입장은 '이웃이니까 사랑하기'이고 예수님 입장은 '사랑하니까 이웃되기'입니다. 유대인의 동족 사랑은 유명합니다. 그들은 "네 이웃을 사랑하고 네 원수를 미워하라"(마 5:43)는 율법 전통에 충실하여 이웃과 원수를 분명하게 구분하고 이웃이라 판명되면 전폭적인 지원을 아끼지 않지만 교리와 신조가 다르고 관습과 문화가 다르면 냉정하게 대합니다. 그런데 예수님의 이야기에 등장한 사마리아인은 자신과 어떤 공통점도, 이해관계도 없는 유대인을 구해 주었습니다. 그 후 두 사람은 어떻게 되었을가요? 이웃이 되었을 것은 분명합니다. 처음엔 남남이었지만 사랑하니까 이웃이 된 경우입니다. 예수님이 원하신 것은 바로 그런 사랑입니다. 뭔가 통하는 이웃이니까 사랑하는 것이 아니고 통하지 않는 사람이라도 사랑해서 이웃으로 만드는 그런 사랑입니다.

이런 사랑을 기대하며 예수님이 "누가 강도 만난 사람의 이웃이 되었는가?"라고 질문했을 때 율법학자는 "사마리아인이요" 하지 않았습니다. 왜 그랬을까요? 유대인으로서 자부심도 강했던 그로서는 죽어 가는 자기 동족의 생명을 (제사장이나 레위인이 아닌) 사마리아인이 구해 주었다는 이야기 결론에 동의하기 어려웠을 것입니다. 자존심이 강한 그로서는 "사마리아인이 유대인을 구해 주었습니다" 할 수 없었던 것입니다. 역사적이고 정치적이며 종교적인 배경에서 갈등과 분쟁, 불신과 증오로 점철된 원수지간이었던 유대인과 사마리아인은 이웃이 될 수 없었습니다. 예수님이 사마리아 마을에 들어가 그곳 우물가에 나온 여자에게 물을 달라고 했을 때 "당신은 유대인으로서 어찌 사마리아 여자인 나에게 물을 달라 하나이까?"라고 반응했던 것처럼 "유대인과 사마리아인은 상종조차 하지 않는"(요 4:9) 단절 관계였습니다. 그러니 비록 이야기지만 사마리아인이 자기 시간과 물질을 희생하면서까지 죽어 가는 유대인을 구원했다는 점을 인정하기 어려웠을 것입니다.

'선한' 사마리아인이 되기까지

이런 예수님의 이야기를 듣고 충격을 받은 것은 율법학자뿐만 아닙니다. 곁에서 듣고 있던 제자들도 충격을 받았습니다. 왜냐하면 예수님께서 이런 말씀을 하시기 직전, 바로 갈릴리를 출발하여 예루살렘으로 올라오던 도중 사마리아 마을에서 당한 '불쾌한' 경험 때문이었습니다(눅 9:51-56). 지리적으로 유대와 갈릴리 사이에 사마리아가 위치하고 있어 유대인들은 갈릴리와 유대를 오갈 때 사마리아를 통과하는 문제로 고심하였습니다. 자존심이 강한 유대인들은 사마리아 땅을 밟는 것조차 수치로 여겨 요단강 동편으로 돌아서 다녔고 일반인들도 밤중에, 혹은 소문내지 않고 몰래 사마리아를 지나갔습니다. 그런데 예수님은 그런 편법을 쓰지 않고 전령을 앞서 보내 "예루살렘으로 가신다" 선전을 했습니다. 아니나 다를까 예수님 일행이 사마리아 마을 입구에 도착했을 때 예상했던 대로 사마리아인들은 받아들이지 않았을 뿐 아니라 훼방을 놓았습니다. 구체적인 내용은 밝혀지지 않지만 분노한 제자들이 "주여, 우리가 불을 명하여 하늘로부터 내려 저들을 멸하라 할까요?"라고 외친 것으로 보아 예수님 일행이 사마리아 마을에서 받은 수모와 모멸이 어느 정도였을지 짐작이 갑니다. 그런데 예수님은 그처럼 분노하는 제자들을 오히려

꾸짖으시고 다른 마을로 해서 돌아오신 것입니다.

이처럼 방금 전에 사마리아 마을에서 당한 불쾌한 경험으로 사마리아인에 대한 분노와 증오심이 채 가시지 않은 시점에, 예수님은 이웃 사랑에 대한 비유에서 강도 만난 유대인을 구원한 주인공으로 사마리아인을 등장시키고 있으니 곁에서 그 이야기를 듣고 있던 제자들이 "사마리아인과 유대인은 이웃이 되었다"는 예수님의 결론에 선뜻 동의하였을까요? 아마도 제자들은 속으로 "절대로 그런 일은 없을 것입니다. 방금 사마리아 마을에서 당하시고도 그런 말씀을 하십니까? 사마리아인 중에 그렇게 착한 일을 할 사람은 없습니다. 그건 불가능합니다" 하였을 것입니다. 그것이 현실이었습니다. 예수님도 현실에서 사마리아와 유대가 결코 이웃이 될 수 없는 것을 잘 알고 계셨습니다. 그래서 '이야기'로 말씀하신 것입니다. 이야기는 현실에서 이루어질 수 없는 꿈과 비전을 담고 있습니다. 예수님은 "그래, 너희 생각대로 지금 현실에서 사마리아와 유대가 이웃이 될 수 없음은 나도 안다. 그러나 언젠가 사마리아와 유대가 이웃이 되는 날이 와야 하고 또한 올 것이다" 하신 것입니다.

원수지간이었던 유대와 사마리아 관계가 이웃으로 바뀌는 것, 그것이 예수님의 이야기에 담긴 비전이고 꿈이었습니다. 아무튼 예수님의 이야기 때문에 사마리아인 앞에 붙여졌던 형용사가 바뀐 것은 사실입니다. 이 말씀을 들려주실 당시만 해도 유대인들에게 사마리아인 하면 그 앞에 '믿을 수 없는', '말이 통하지 않는', '불쾌한', 한 마디로 '나쁜'이란 수식어가 붙었습니다. 그런데 예수님 이야기 후 2천 년이 지난 지금은 신자, 불신자 가리지 않고 사마리아인 하면 자연스럽게 '선한 사마리아인'

이라고 부르게 되었으니, 이야기에 담긴 꿈과 의지의 능력으로 말미암은 결과입니다.

꿈은 이루어집니다. 예수님께서 유대 관습과 전통의 포로였던 율법학자와 제자들에게 사마리아인 비유를 들려주신 얼마 후, 역시 사마리아와 갈릴리 사이로 예루살렘을 향해 가시던 어느 날이었습니다(눅 17:11-19). 멀리서 "예수 선생님이여 우리를 불쌍히 여기소서" 하고 외치는 나병환자 열 명이 "가서 제사장들에게 너희 몸을 보이라"는 예수님 말씀에 따라 제사장에게 가던 중 깨끗함을 받은 기적을 체험하였습니다. 그런데 그 열 명 중에 오직 한 명만 "하나님께 영광을 돌리며" 예수님에게 돌아와 "발 아래에 엎드리어 감사하니 그는 사마리아 사람"이었습니다. 이에 예수님은 자못 흥분하신 어조로 주변에 둘러선 제자들을 향해 외치셨습니다. "보라. 열 명이 모두 깨끗함을 받지 않았느냐? 이 사마리아 사람 외에 다른 아홉 명, 갈릴리 사람, 유대 사람들은 다 어디 갔느냐? 구원받을 수 없는 족속이라며 너희가 그토록 저주하고 미워하였던 이 사마리아 사람이 하나님께 영광을 돌리며 내게 왔다." 그리고 그 사마리아 사람에게는 다른 아홉 명이 받지 못했던 축복의 말씀, "가라 네 믿음이 너를 구원하였느니라"라는 '영적' 구원의 은총을 주셨습니다. 그 사마리아인은 '영생'의 사람이 되어 자기 마을에 돌아가 그리스도의 복음을 전하며 '선한 사마리아인'으로 살아갔을 것임은 당연합니다. 예수님의 꿈이 이루어진 것입니다.

이처럼 사마리아인에 대한 '긍정적' 서술은 유독 누가복음에 집중되어 있습니다. 누가복음을 저술한 같은 필자가 쓴 사도행전도 마찬가지입니다. 우선, 승천하시기 직전 그리스도는 "주께서 이스라엘 나라를 회복하심이 이 때입니까?"라는 제자들의 질문에 "그 때와 기한은 아버지께서 자기의 권한에 두셨으니 너희의 알 바 아니요" 하시면서 장차 이루어질 전도 사역에 대하여 이렇게 말씀하셨습니다.

오직 성령이 너희에게 임하시면 너희가 권능을 받고 예루살렘과 온 유대와 사마리아와 땅 끝까지 이르러 내 증인이 되리라 ○사도행전 1장 8절

예루살렘을 원점으로 하여 유대와 사마리아 그리고 땅 끝까지 복음의 확산이 이루어진다는 말씀입니다. 아마 제자들 가운데 유대 전통에 자부심이 충만하여 사마리아인들을 불신하고 증오하는 자가 있었더라면 주님께서 복음이 전파될 지역으로 사마리아를 언급하실 때 속으로 "거긴 빼고요. 아니면 건너뛰고요"라고 했을지도 모릅니다. 그러나 주님은 사마리아를 제외하거나 외면하지 않으셨습니다. 세상 '모든 민족 모든 나라'를 향한 그리스도의 구원 사역에서 사마리아는 결코 생략해서는 안 될 사역의 관문이었습니다. 그래서 사도행전은 이런 구도에 따라 예루살렘에서 이루어진 성령강림과 교회 설립 역사(1-7장)로 시작하여 유대와 사마리아에 전파된 복음(8-12장), 그리고 안디옥을 거점으로 하여 이루어진 바울의 땅 끝(이방인 지역) 선교로(13-28장) 이어졌습니다. 특히 사도행전 8장 4-25절에 기록된 사마리아 전도와 그 결과는 그때까지 예루살렘과 유대 중심으로 사역하던 사도들의 선교 의식을 크게 바꾸어 놓아 다메섹과 가이사라 같은 이방인 지역까지 가서 복음을 전하기 시작했고 그

여세로 이방인의 사도로 세움을 받은 바울이 소아시아를 거쳐 로마까지 복음을 전했습니다. 사마리아를 통하지 않고는 땅 끝으로 나아갈 수 없었습니다. '사마리아 선교'의 중요성이 여기 있습니다.

'강남 좌파'와 '선한 사마리아인'

이처럼 책 끄트머리에 누가복음과 사도행전에 언급된 사마리아 혹은 사마리아인 이야기를 쓴 이유는 신약성서 속의 사마리아와 사마리아인이 이 책을 쓰게 된 근본 목적인 '통일 이후 한반도 신학'으로서 기독교 사회주의를 이해하는 데 큰 도움이 되기 때문입니다. 우선 성서 속의 사마리아와 유대의 관계가 오늘 한반도의 남북 관계와 너무도 흡사합니다. 거슬러 올라가면 같은 아브라함의 자손임에도 솔로몬 왕 이후 분열된 북왕국 이스라엘의 수도였던 사마리아와 남왕국 유대 수도였던 예루살렘 사이엔 '넘을 수 없는' 불신과 증오의 장벽이 있었습니다. 그래서 만나기만 하면 다투고 서로 훼방을 놓았습니다. 분단 60년이 넘은 한반도의 남과 북이 그런 입장입니다. 상대방이 어떤 말과 행동을 보이든 일단 의심하고 봅니다. 진정한 의미의 신뢰와 마음이 통하는 대화는 불가능합니다. 실로 비극적인 한민족의 역사이자 현실입니다.

이런 분단과 갈등의 현실 상황에서 그리스도 예수는 사마리아와 유대의 화해, 즉 둘 사이가 원수에서 이웃으로 바뀌는 '그 날'을 꿈꾸셨습니다. 그런 화해와 평화는 교리와 신조, 이념과 체제, 관습과 전통을 따져

보고 서로 같은 사람들끼리 나누는 사랑이 아니라 이런 것들이 서로 다를 뿐 아니라 반대가 될지라도 '곤경에 처한' 상대방을 조건 없이 도와줌으로 원수까지도 이웃으로 만들어 버리는 사랑에 의해 이루어집니다. 그래서 예수님은 "너희가 너희를 사랑하는 자를 사랑하면 무슨 상이 있으리요. 세리도 이같이 아니하느냐?" 하시고 "너희 원수를 사랑하며 너희를 박해하는 자를 위하여 기도하라" 하셨으며(마 5:44-47) 바울도 "할 수 있거든 너희로서는 모든 사람과 더불어 화목하라"라고 권면한 후 "네 원수가 주리거든 먹이고 목마르거든 마시게 하라. 그리함으로 네가 숯불을 그 머리에 쌓아 놓으리라" 하였던 것입니다(롬 12:18-20).

원수지간에 쌓인 불신과 증오를 녹일 수 있는 것은 사랑뿐입니다. 그것이 바로 그리스도의 십자가에서 "둘로 하나를 만드사 원수 된 것 곧 중간에 막힌 담을 자기 육체로 허신" 결과로 얻게 된 "우리의 화평"입니다(엡 2:14). 참으로 희생 없이 평화는 불가능합니다. 희생은 자기 것을 남과 나누려는 마음을 지닌 자가 할 수 있는 것입니다.

이 대목에서 '강남 좌파'에 대한 흥미로운 신문기사(《한국일보》, 2011. 2. 26)가 생각납니다. 강남 좌파는 서울 서초구와 강남구, 송파구 등 소위 '강남 부자' 동네에 사는 고학력, 고소득층으로 1970-80년대 민주화 투쟁에 참여한 경험을 바탕으로 '승자 독점'의 신자유주의 및 보수 우익적 이념과 체제에 대한 비판의식을 갖고 '양극화 방지', '인권과 평등'과 같은 사회주의 가치를 사회에서 구현하려는 진보적 지식인과 전문직 종사자들을 지칭하는 말입니다. 아직은 그 실체와 성격이 분명치 않지만 이런 '강남 좌파'들이 보다 적극적인 의미에서 사회 빈곤층과 소외계층을 위한 나눔과 봉사를 실천한다면 넓은 의미에서 '선한 사마리아인' 범주에 포함시킬 수도 있을 것입니다. 이런 '강남 좌파', '선한 사마리아인'들이 많이 나와서 한국 사회 안의 빈부격차로 인한 계층적 갈등을 해소하고 나아가 남북 사이의 화해와 평화 정착에 도움이 되면 좋겠습니다.

다음으로 사마리아의 '지정학적' 위치를 주목할 필요가 있습니다. 지리적으로 보면 사마리아는 이스라엘 왕국의 갈릴리와 유대 사이에 있고 사도행전의 선교 구도에서 보면 유대와 땅 끝 사이에 있습니다. 어느 모로 보나 사마리아는 '중간 지대'였습니다. 그래서 양쪽 모두로부터 영향을 받아 그 정체성이 모호한 면도 없지 않습니다. 유대인들이 사마리아를 경멸한 중요한 이유도 북왕국 멸망 이후 사마리아 지역에 대거 유입된 앗수르와 페르시아, 바벨론 출신 이주민들로 인해 형성된 종교·문화적인 '혼합' 현상 때문이었습니다. '순수 정통'을 중요시하는 유대교 전통에서 볼 때 이교도적인 종교의식과 문화적 요소를 수용한 사마리아인들의 행위는 용납할 수 없는 '불경죄'(不敬罪)에 해당했습니다. 그래서 사마리아는 양쪽 어느 곳에서도 '내 편'이라고 인정받지 못한 외로운 공간이었습니다. 예수님은 그런 외로운 사마리아에서 '선한 이웃'이 나오기를 기대하신 것입니다.

그러나 알고 보면 사마리아는 갈릴리와 유대, 유대와 땅 끝의 중간에서 양쪽을 연결, 조정할 수 있는 '중재 영역'이기도 합니다. 양쪽과 모두통하기에 성격과 경향이 서로 다른 양쪽을 중재하고 만나도록 주선할 수 있습니다. 사마리아를 통해 유대와 갈릴리가 만나고, 유대교인과 이교도가 만나 교류합니다. 마치 서울의 강남과 강북을 연결하는 한강대교, 전라도 사람과 경상도 사람의 만남과 교류가 이루어지는 화개장터와 같습니다. 그래서 '사마리아 신학', '가교 신학', '장터 신학'이라 부를 수 있는 기독교 사회주의는 서로 다른 배경과 성향을 지닌 기독교와 사회주의, 사회주의와 자본주의 사이에 대화와 교류를 통한 조화와 협력을 추구합니다. 특히 민족 분단 상황에서 남과 북 사이에 군사적 충돌을 막기 위해 설치한 장벽이지만 또한 그곳을 통해 남북 왕래가 이루어지는 휴전선 비무장지대(DMZ)와 같이, 기독교 사회주의는 '비무장 신학'으로서 60년 넘게 자본주의만 경험한 남쪽과 사회주의만 경험한 북쪽 사이에서 양쪽 모두와 '연결되면서도 구분되는' 제3의 영역을 구축하고 평화와 공존의 공간을 넓혀 감으로 한반도를 감싸고 있는 갈등과 분열, 불신과 증오, 죽음과 폭력의 '사악한' 기운을 몰아내고 화해와 일치, 공존과 협력, 치유와 생명의 역사를 창조하는 '영의 생기'(창 1:2, 겔 37:9)가 되어 한반도 평화를 원하는 모든 이들의 호흡이 되기를 기대해 봅니다.

기독교 사회주의 산책

Christian socialism

지은이 이덕주
펴낸곳 주식회사 홍성사
펴낸이 정애주
국효숙 김의연 박혜란 손상범
송민규 오민택 임영주 차길환

2011. 8. 31. 초판 발행   2024. 2. 20. 3쇄 발행

등록번호 제1-499호 1977. 8. 1.
주소 (04084) 서울시 마포구 양화진4길 3 **전화** 02) 333-5161 **팩스** 02) 333-5165
홈페이지 hongsungsa.com **이메일** hsbooks@hongsungsa.com **페이스북** facebook.com/hongsungsa
양화진책방 02) 333-5163

• 잘못된 책은 바꿔 드립니다. • 책값은 뒤표지에 있습니다.

ISBN 978-89-365-0290-4 (03230)